山西省哲学社会科学规划项目资助（项目编号：2020ZZ011）

话语创新与跨屏传播
新媒体时代的电视评论

郝建国　著

中国戏剧出版社
CHINA THEATRE PRESS

图书在版编目（CIP）数据

话语创新与跨屏传播：新媒体时代的电视评论 / 郝建国著. -- 北京：中国戏剧出版社，2022.11
ISBN 978-7-104-05303-3

Ⅰ．①话… Ⅱ．①郝… Ⅲ．①电视节目—新闻性评论—研究—中国 Ⅳ．① G222.3

中国版本图书馆 CIP 数据核字（2022）第 233988 号

话语创新与跨屏传播：新媒体时代的电视评论

责任编辑：肖　楠
项目统筹：康祎宁
责任印制：冯志强

出版发行：中国戏剧出版社
出 版 人：樊国宾
社　　址：北京市西城区天宁寺前街 2 号国家音乐产业基地 L 座
邮　　编：100055
网　　址：www.theatrebook.cn
电　　话：010-63385980（总编室）　　　010-63381560（发行部）
传　　真：010-63381560

读者服务：010-63381560
邮购地址：北京市西城区天宁寺前街 2 号国家音乐产业基地 L 座

印　　刷：天津和萱印刷有限公司
开　　本：787mm×1092mm　1/16
印　　张：12
字　　数：214 千字
版　　次：2022 年 11 月　北京第 1 版第 1 次印刷
书　　号：ISBN 978-7-104-05303-3
定　　价：72.00 元

版权专有，违者必究；如有质量问题，请与出版社联系调换。

引 言

截至2022年6月，由东方卫视、观视频工作室、复旦大学中国研究院共同制作的电视评论节目《这就是中国》在B站3年累计播放量达到7500万次，且有110多万人"追剧"。节目主讲嘉宾、复旦大学中国研究院张维为教授个人账号在今日头条有370万粉丝，在抖音有124万粉丝，在B站有37万粉丝，其主讲并参与制作的短视频单集最高播放量达到100万次以上。另外，《这就是中国》在海外平台的播出已覆盖196个国家和地区，播放量共计逾11.9亿人次，总观看次数超过6573万次。基于其广泛的影响力，该节目在2019年被国家广播电视总局评为"广播电视创新创优节目"，2020年被评为"优秀海外传播作品"。

2020年，东方卫视中心党委书记李逸在谈到2021年规划时提出，节目将"继续用独创的中国话语为国内及海外观众讲述中国故事、中国道路，为广大人民群众牢固树立'四个自信'，以史为鉴，砥砺前行……同时，在当前复杂的国际环境下，《这就是中国》将在与国外反华势力的斗争中打造并坚守舆论'主战场'，对造谣抹黑中国的各种言论坚决予以驳斥和回击，在'百年未有之大变局'中，向世人展示中国谱写'两大奇迹'新篇章的能力和决心。"

2021年，中共中央政治局就加强我国国际传播能力建设进行第三十次集体学习，张维为教授作为讲解人进行了相关发言。在会上，习近平总书记继2016年哲学社会科学工作座谈会和此后多次有关宣传思想、新闻舆论、对外传播等会议之后，再次谈到"讲好中国故事，传播好中国声音，展示真实、立体、全面的中国，是加强我国国际传播能力建设的重要任务""要加快构建中国话语和中国叙事体系，用中国理论阐释中国实践，用中国实践升华中国理论，打造融通中外的新概念、新范畴、新表述，更加充分、更加鲜明地展现中国故事及其背后的思想力量和精神力量"。

从上文的数据可知，新媒体的发展使传统严肃的电视评论获得了更多的关注和更大的影响，但究其根本原因还需要考虑它背后的政治环境和政治因素，甚至在一种更宏观的视野中，政治应是首要因素。本文对新媒体时代电视评论的研究正是依此展开。

在本书看来，要分析当前我国电视评论蓬勃发展的原因，应首先在宏观上把握当前评论的三个特点：一是评论原则，即始终坚持马克思主义、党的领导、新闻舆论工作的指导方针；二是时间坐标，即立足国际视野的"百年未有之大变局"和国内视野的"新时代"；三是当前面临的问题，即关注包括国家治理、新冠疫情、中美关系等国内外重大政治问题和新时代中国特色评论话语体系建构问题。

话语创新与传播策略是本文研究的指向。

在对我国电视评论的特点有了基本认识之后，该书首先从话语视角分析了政治和评论之间的关系，即从话语视角下的政治演化、西方话语研究及其影响、政治的话语研究三个方面讨论了作为话语的政治。其次从评论的话语规则、评论话语与社会变迁两个方面分析了话语政治中的评论。最后从话语主体、话语建构体系、评论话语功能三个方面阐述了评论话语的建构问题。

该书前三章着重探讨了20世纪以来评论的视觉化现象，即电视评论的发展脉络。对此，首先从电视的影像机制、电视的传播与社会属性、互联网时代的电视三个方面讨论了电视时代及其演化特点。随后梳理了20世纪以来西方和中国电视评论的发展过程。从理论和历史两个方面明晰了电视评论的话语特征和发展脉络之后，并以《这就是中国》为例，分析了当前我国电视评论的话语创新，认为文明型国家、中国特色社会主义、中国模式是张维为评论的理论基础，并在论证过程中将其与美国等西方国家的政治制度进行对比，凸显中华文明、中国政治制度的特点和优势。总的来说，张维为的理论具有一定的创新性、开放性和实用性。在具体的评论话语实践中，《这就是中国》开创了一种新的电视评论形态。

一方面它发挥了电视视听语言的特点，使评论具象化、空间化、艺术化；另一方面它通过节目各个板块的有机组合，将媒介话语、学术话语和官方话语进行了系统性的创新，建构了一种具有中国特色的评论话语体系。

最后一章从技术角度讨论了互联网时代电视评论的跨屏传播问题。先是探讨了什么是跨屏传播、它需要借助的平台路径及东方卫视的跨屏策略。然后从节目的跨屏传播体系、中小屏传播路径和效果审视三个方面分析了《这就是中国》节目的跨屏传播特点。总的来说，节目传播效果如何，涉及技术、市场和政策等因素。评论节目有其自身的特点，不能和一般的电视节目相提并论，特别是在当前的市场和政策环境中，如果注重多主体的联合，同时加强与受众的互动，能很好地实现传播的目的。

虽然本文并不赞同技术决定论，但还是无法忽视技术对社会的影响。新媒体时代的电视评论，首先关注的是技术引发的一连串变化。比如，短视频对长视频的冲击、大屏向小屏的演化、小屏和大屏的联动，等等。那么，这是否意味着传统的家庭场景的电视行业走向衰落？是否意味着个人或社交场景的短视频行业必将一路坦途，或是否意味着这两者原本就是一类问题，而它们早已相伴而行。这很难说。穿越千年，"古老的"评论已经经历了多次媒介技术的演化，短视频不到10年的发展虽然令人惊诧，但也仍未逃出百年来"视觉化"的影像机制，更没有逃出几千年来政治的"权力"规则。据此，本文借助鲁曼社会系统论认为，评论是社会分化的结果，在话语层面意味着更多的词汇、更多的语句、更多的语法被创造出来描绘社会政治现象，讨论社会政治问题。看似复杂，其实是一种简单化机制。因为评论的作用在于明确社会政治的边界。现代社会与传统社会的明显区别是，社会组织之间明确的界限。话语是秩序的体现，在特定时间内，出现话语重叠、话语重构、话语替代现象，均可以理解为是社会秩序在进行演化发展。当话语具有明确的指向，话语传播不至于引起人们理解和思想的混乱，也意味着政治秩序和社会秩序的明晰。反之，则意味着复杂和变动。当前，我国对国内外局势的定位与判断是"新时代"和"百年未有之大变局"，这意味着话语秩序必然处在一个发展和调适的阶段。电视评论原本属于社会政治体系，但在现代社会又和媒介体系、市场体系、知识体系存在交叉。这就需要发挥政治的核心主导作用，同时还要获得其他社会主体的认同和支持。尤其是知识界，需要加快自身体系的建设、调适和秩序化。当前，这还是有很大的难度，毕竟一种社会秩序的演化、发展、成熟不是一朝一夕的事情，何况还面临更复杂的外在环境变化。从这个角度来看，《这就是中国》等新的电视评论节目的制作、创新和传播能够吸纳官方、学界、媒体人的参与，并通过和更广泛受众的对话、讨论甚至辩论来使某些重大的政治议题从模糊到清晰，从误解到认同，且有极为重要且深远的意义。

目 录

引 言 1

绪 论 1

第一章 评论的话语特征 18
    第一节 评论的话语属性 18
    第二节 话语秩序与社会变迁 30
    第三节 评论话语的建构 53

第二章 评论的视觉化 60
    第一节 电视时代及其演化 60
    第二节 西方的电视评论 68
    第三节 我国的电视评论 76

第三章 当前我国电视评论的话语创新 93
    第一节 理论创新 93
    第二节 话语创新 107

第四章 互联网时代电视评论的跨屏传播 149
    第一节 关于跨屏传播 149
    第二节 《这就是中国》的跨屏传播 161

结　语 ··· 172

参考文献 ··· 175

绪 论

　　媒体评论历来具有重要的社会功能，特别是在社会政治领域，因为其内容和政策紧密相关，涉及广泛的公共利益，所以受到社会各界的广泛关注。进入现代社会，随着政治民主化的发展，评论被赋予特定的社会功能，并逐步实现了法制化、专业化和媒介化。在社会层面，民众可以通过特定媒介发表评论以检视政府政策、监督政府行为、促进政治发展。在国家层面，政府或政党可以通过评论宣传意识形态和政治纲领、推行法律和政策、进行社会动员、获得民众认同与支持。而在全球化时代，无论是哪个层面的评论都可以通过互联网跨越国界，引发广泛的关注和影响。因此，在国际关系层面，特别是国家间的竞争方面，当一国的媒体评论和其强大的国际性媒介体系联合，就会形成强大的话语体系和话语权，使另一国面临非常不利的舆论环境，并影响到经济和社会发展。

　　当前，我国已成为世界第二大经济体，国际影响力与日俱增，但面临的国际形势也日益复杂，挑战无处不在。对此，我国的媒体评论，无论是面对国内事务还是国际事务，都需要有国际视野，同时还要建构具有中国特色的评论话语体系，用更先进的技术手段和渠道去实现更好的传播效果。

一、当前我国评论需坚持的基本原则

　　掌握评论的基本原则，首要的是理解政治，特别是理解中国政治的特点。这关系到立论的原点、基础。如果出发点有了偏差，整个论述方向就会发生偏移，甚至是错误的。

　　首先，坚持马克思主义政治观。复杂的政治现象形成了复杂的政治观念。直至今日，即使是在政治共同体内部，对政治的理解也千差万别。我国学者就把西方对政治的定义归纳为权力说、过程说、分配说、管理说、价值说等。其中，美国学者戴维·伊斯顿的定义，即政治是社会价值的权威性分配活动，在西方依然有广泛的影响。在我国，古代社会如孔子、韩非子等是将"政"和"治"分开来说的，即"赋予'政'以道德的内涵，赋予'治'以管理的内涵"①。近现代以来，国人迫于救亡图存，开始探索中国社会政治的发展路径。孙中山先生认为，"政治两字的意思，浅言之，政就是众人之事，治就是管理，管理众人之事便是政治。有管理众人之事的力量，便是政权"。②从1921年开始，近百年来，中国共产党人一方面高举马克思主义旗帜，进行艰苦卓绝的社会革命和国家建设；另一方面不断地进行理论和实践的相互、反复论证，将马克思主义中国化，最终发展成中国特色社会主义的政治学理论和实践。不过，不可否认的是，西方的政治学理论到目前为止依旧影响广泛。政治作为人类社会的普遍现象，必然有它普遍的规律。比如，对民主、自由、平等价值观的追求是一致的，但如何实现这些价值，每个国家因为历史、国情和自然等因素的不同而出现不同的理解和实践。习近平总书记在2014年9月21日庆祝中国人民政治协商会议成立65周年大会上的讲话中说道："'名非天造，必从其实'。实现民主的形式是丰富多样的，不能拘泥于刻板的模式，更不能说只有一种放之四海而皆准的评判标准。人民是否享有民主权利，要看人民是否在选举时有投票的权利，也要看人民在日常政治生活中是否有持续参与的权利；要看人民有没有进行民主选举的权利，也要看人民有没有进行民主决策、民主管理、民主监督的权利。"③

一直以来，我国学者都在尝试以共通的语言描述政治的一般特征，并兼顾本国特点，以实现国家间的平等交流，共同发展。比如，有学者将政治定义为"是人类社会根据利益原则，运用公共权力和公共权威来调控和管理社会的行为与关系模式"④，还有学者定义"政治是指社会成员在特定的社会经济关系及其所代表的利益关系的基础上，通过社会公共权力来确认和保护自己的权利，实现自己的利益的一种社会关系"⑤，等等。很明显，这些定义既体现了马克思主义政治观，也结合了中西方都认同的管理、权力、利益等政治观念。

然而，学术界的努力还是在2020年新冠疫情之后，遭遇了西方国家基于特

---

① 谢庆奎：《当代中国政府与政治》，高等教育出版社2003年版，第14页。
② 孙中山：《孙中山选集》，人民出版社1981年版，第692—693页。
③ 习近平：《在庆祝中国人民政治协商会议成立65周年大会上的讲话》（http://cpc.people.com.cn/n/2014/0922/c64094-25704157.html）。
④ 谢庆奎：《当代中国政府与政治》，高等教育出版社2003年版，第18页。
⑤ 王浦劬：《政治学基础》，北京大学出版社2005年版。

定目的以"民主"为名的话语霸权和攻击。现实主义的国际关系需要我国学者更加全面理性的思考和回应。当今中国，理解政治现象的时候，一方面要坚持对政治普遍性规律的探索；另一方面要回归本国的历史与现实，即坚持基于历史唯物主义和辩证唯物主义的马克思主义政治观。具体来说，在这种观念之下的政治或政治分析应包含以下四个主要方面：一是政治是经济最集中的体现；二是政治就是各阶级之间的斗争；三是政治就是参与国家事务，给国家定方向，确定国家的活动方式、任务和内容；四是政治是一门科学，是一门艺术。除此之外，它还包含其他内容，如政治的基本特征、属性、内容等。

坚持中国共产党领导是中国特色社会主义最本质的特征，是中国特色社会主义制度的最大优势。[1]这是党的十九大时，习近平总书记对中国共产党属性与地位的论述。党的十九届六中全会通过的《中共中央关于党的百年奋斗重大成就和历史经验的决议》中也有表述，即"历史和现实都证明，没有中国共产党，就没有新中国，就没有中华民族的伟大复兴。治理好我们这个世界上最大的政党和人口最多的国家，必须坚持党的全面领导特别是党中央集中统一领导，坚持民主集中制，确保党始终总揽全局、协调各方"。这句话阐明了中国共产党的执政方式。

中国共产党是马克思主义政党。它的产生、发展及其历史功能符合马克思主义所论述的历史逻辑。同时，中国共产党历史地位的形成，也契合近现代以来中国社会历史发展的需要。

在马克思的论述中，社会主义国家与资本主义国家，在国家建构的现实前提、价值基础和历史使命方面是完全不同的。"它不是通过解放个人，建立市民社会，进而建立民主国家；而是首先将个人联合起来，通过占有生产力总和，实现个人的自由，创造社会的解放，进而使社会主义国家成为不是原来意义的国家。"[2]个人的联合及其机制的形成来自无产阶级自身，共产党即诞生于此。所以，"共产党的领导与作为唯一执政党的合法性，就在社会主义国家构成形态本身，它决定于社会主义国家的历史使命及其所处的'从国家到非国家的过渡形式'"。[3]

---

[1] 习近平：《决胜全面建成小康社会 夺取新时代中国特色社会主义伟大胜利——在中国共产党第十九次全国代表大会上的报告》(http://www.moe.gov.cn/jyb_xwfb/xw_zt/moe_357/jyzt_2017nztzl/2017_zt11/17zt11_yw/201710/t20171031_317898.html?eqid=a10ef933000371e100000003643aae75)。
[2] 林尚立：《当代中国政治：基础与发展》，中国大百科全书出版社2017年版，第94页。
[3] 林尚立：《当代中国政治：基础与发展》，中国大百科全书出版社2017年版，第94页。

20世纪，中国革命和社会发展进程已经证明，中国共产党是有坚定信仰和使命感的马克思主义政党，始终把解放劳苦大众、实现人的全面发展作为目标。有强大的组织性和纪律性，始终重视思想建设、组织建设和作风建设。无论是在革命时期还是在建设时期，都显示了强大的组织能力和动员能力。同时，具有强大的自我净化能力和纠错能力。在面临抉择的重大历史关头，能够迅速地找出问题所在，快速地调整方向，实现再次发展。同时，党的领导和政策既有原则性也有灵活性。特别是在改革开放以后，对"四项基本原则"的坚持，对计划经济与市场经济的讨论和界定，对加入世贸组织的重大决策等都展现了这个特点。另外，随着国家发展和国际形势的变化，党的政策也随之进行调整升级。党的十八大以来，对"新时代"的理论阐释，对国家治理体系和治理能力现代化及"两个一百年"奋斗目标的规划，对"一带一路"建设、"人类命运共同体"国际关系的倡议等，都体现了中国共产党是中国现代国家建设的支撑性的主体力量。

新中国成立至今，党的执政地位和领导不仅写入《宪法》，还实现了制度化。"中国共产党领导人民建立了中华人民共和国，确立了中国的基本政治制度，并在这一过程中，将自身嵌入政权结构之中。"① 中国的发展举世瞩目，中国独特的政治体制也吸引了国内外学者持续的深入研究。一部分学者开始摆脱西方的单一标准，将中国的政治体制描述为"党政体制"、政党中心的体制等，认为这种新型的党和社会的关系、党和国家的关系、党和军队的关系等建构了新的国家体制，是促成国家、社会和人的良好发展的根本动力。

最后，坚持党对新闻舆论工作的指导方针。作为马克思主义政党，中国共产党在革命、建设和改革开放时期始终重视新闻工作、舆论工作和宣传工作，积累了丰富的理论和实践经验。它的很多理论直接来源于马克思、恩格斯基于新闻实践的论述，而在实践层面主要借鉴于列宁领导俄国社会主义革命和国家建设过程中推行的宣传政策。比如，列宁的"报纸的作用并不限于传播思想、进行思想教育和吸引政治同盟军。报纸不仅是集体的宣传员和集体的鼓动员，而且是集体的组织者"② 等就对党的新闻舆论工作影响很大。当然，最主要的还是这些理论和实践符合中国国情、符合革命和建设的需要、符合人民群众的需要。

---

① 景跃进、陈明明、肖滨:《当代中国政府与政治》，中国人民大学出版社2016年版，第5页。
② 萧燕雄主编:《马克思主义新闻观经典论著解读及阐释》，湖南师范大学出版社2018年版，第377页。

党的新闻舆论工作的指导方针的形成和具体内容有以下两个特点：一是党和国家领导人不仅重视而且直接参与新闻舆论工作。例如，1983年由中共中央文献研究室、新华通讯社编辑，新华出版社出版的《毛泽东新闻工作文选》，收入毛泽东1925年12月至1955年有关新闻和舆论宣传的著作就有123篇，达25万字。二是他们有关新闻舆论工作的讲话不断丰富完善，成为党进行新闻舆论工作的指导方针和政策。例如，毛泽东在1948年对晋绥日报的谈话，提出"我们的报纸也要靠大家来办，靠全体人民群众来办，靠全党来办，而不能只靠少数人关起门来办"①，形成了后来著名的"群众办报、全党办报"的方针。

关于评论，1958年，毛泽东在一次谈话中说："你们办报要经常下去呼吸新鲜空气。要下马看花，不要老是走马观花。办报要听各方面的议论，写评论才有所谓而发。《大公报》张季鸾眼观六路，耳听八方，当总编辑的应当学习。我们报纸有自己的传统，要保持和发扬优良传统，但别人好的经验也要学过来。"②

刘少奇、邓小平、江泽民、胡锦涛、习近平等历届党的领导人都有与新闻舆论相关的论述。党的十八大以来，习近平总书记在宣传思想工作、新闻舆论工作、对外传播工作、媒体融合等工作中的重要讲话可以说是为当前我国的评论指明了方向。例如，2013年在全国宣传思想工作会议上指出，"坚持团结稳定鼓劲、正面宣传为主，是宣传思想工作必须遵循的重要方针"。2016年在党的新闻舆论工作座谈会上说，"党的新闻舆论工作……要坚持党的领导，坚持正确政治方向，坚持以人民为中心的工作导向"。2019年中共中央政治局第12次集体学习，总书记谈道："要抓紧做好顶层设计，打造新型传播平台，建成新型主流媒体，扩大主流价值影响力版图，让党的声音传得更开、传得更广、传得更深入。要旗帜鲜明坚持正确的政治方向、舆论导向、价值取向，通过理念、内容、形式、方法、手段等创新，使正面宣传质量和水平有一个明显提高。"

同年，《中共中央关于坚持和完善中国特色社会主义制度 推进国家治理体系和治理能力现代化若干重大问题的决定》中，对坚持正确导向的新闻舆论引导工作机制有明确的规定，"坚持党管媒体原则，坚持团结稳定鼓劲、正面宣传为主，唱响主旋律、弘扬正能量。构建网上网下一体、内宣外宣联动的主流舆论格

---

① 胥亚：《新闻导论》，湖南人民出版社2004年版，第361页。
② 刘见初：《毛泽东新闻思想研究》，新华出版社2010年版，第303页。

局，建立以内容建设为根本、先进技术为支撑、创新管理为保障的全媒体传播体系。改进和创新正面宣传，完善舆论监督制度，健全重大舆情和突发事件舆论引导机制。建立健全网络综合治理体系，加强和创新互联网内容建设，落实互联网企业信息管理主体责任，全面提高网络治理能力，营造清朗的网络空间"。可以说，这就是当前做好评论最基本的政策遵循。

二、当前我国评论需解决的主要问题

评论，广义上是指针对所有社会政治现象、社会政治问题的评论。狭义上多指针对有关政党或政府事务的评论，特别是政策的评论。从范围上讲，可以是对国际事务的评论，也可以是对国内事务的评论。从性质上讲，评论可以是对社会政治事务的积极正面的评论，也可以是对社会政治事务的消极负面的评论。在特定语境下，前者可以看作一种宣传，后者则是一种舆论的监督与批评。总之，评论所要达到的目的不外乎两个方面：一是支持政党或政府的政策；二是督促政党或政府改进甚至停止某项政策，直至达到更高的政治诉求。那么，当前我国评论该从何切入，以发挥它的最大作用呢？

首先，需要正确判断国家发展和国际关系演化所处的阶段和特点。

时间判断，即评论需要把握的纵向坐标。坐标明确，评论的着力点就明确。对此，当前我国的评论有两个时间概念可以把握，它们都来自习近平总书记的重要讲话。

一是"百年未有之大变局"。这是对国家发展外在环境或国际形势的判断，涉及复杂的国际竞争因素。2020年以来，席卷全球且不断反复的新冠疫情加剧了它的复杂性。在国际关系层面，它已经转化为国家间的意识形态的竞争、经济实力的竞争、科技实力的竞争、治理能力的竞争。这需要一种战略性的眼光和应对策略。

党的十九大以来，习近平总书记在国内国际多次会议上做了这个判断。2019年6月7日，习近平总书记在第二十三届圣彼得堡国际经济论坛全会上致辞指出，"当今世界正经历百年未有之大变局。新兴市场国家和发展中国家的崛起速度之快前所未有，新一轮科技革命和产业变革带来的新陈代谢和激烈竞争前所未有，全球治理体系与国际形势变化的不适应、不对称前所未有"。①在2020年基层代表座谈会上，总书记又谈道："当今世界正经历百年未有之大变局，新冠肺炎疫情加剧了大变局的演变，国际环境日趋复杂，经济全球化遭遇逆流，一些国家单边主义、保护主义盛行，我们必须在一个更加不稳定不确定的世界中谋求我国发展。"综合这些讲话，可以发现，"百年未有之大变局"的三个促发因素是全球性的技术革命、全球性的经济不平衡发展、全球性的政治竞争和矛盾。新冠疫情更是加剧了大变局的复杂性、尖锐性，甚至对抗的激烈性。对此，习近平总书记提出，面对复杂多变的国际局势，要保持战略定力，发挥制度优势和治理能力，反对单边主义和保护主义，实施更高水平的改革开放，构建以国内大循环为主体，国际国内双循环相互促进的新发展格局。"既集中精力办好自己的事，又积极参与全球治理、为国内发展创造良好环境。"②

二是"新时代"。2017年，在党的十九大上，习近平总书记在报告中提出，中国特色社会主义进入新时代。这个时间概念虽然是一种政治性的表述，是执政党对国家的社会主义建设阶段的历史方位的划定，并由此开始规划下一阶段的发展任务，但它也科学地判断了中国政治、经济、社会、科技、文化的发展状况，并总结出了当前社会的主要矛盾和应对方式。所以它是一个宏观和微观相结合、理论和实践相结合的时间概念。

特别需要注意的是报告对社会主要矛盾的论述。在党的历史上，如何制定党的政策和国家发展战略是与对社会矛盾的判断紧密相关的。判断正确、政策正确，国家就能有很好的发展，群众生活就能有保障。反之，国家发展就会出现各种问题，甚至停滞不前开倒车，重要的是群众的生活会受到严重影响。"阶级斗争为纲"带来的结果就是深刻的教训。因此，1981年党的十一届六中全会，对我国社会的主要矛盾做了调整，表述为"在社会主义改造基本完成以后，我国所要解决的主要矛盾，是人民日益增长的物质文化需要同落后的社会生产之间的矛盾"③。经过改革开放40多年的经济社会发展，党认为我国社会的主要矛盾，已经转化为人民日益增长的美好生活需要和不平衡不充分的发展之间的矛盾。可见，这个判断，

---

①② 学而时习：《百年未有之大变局，总书记这些重要论述振聋发聩》（http://www.qstheory.cn/zhuanqu/2021-08/27/c_1127801606.htm?eqid=86c109c50000376800000003642a39f9）。

③ 中共中央文献研究室编：《三中全会以来重要文献选编》下，人民出版社1982年版，第787页。

一是扩大了"物质文化"生活的外延;二是认为社会生产不再落后,而是发展的不平衡和不充分。这两个方面涉及个人、社会和国家各个层面的内容。其最终指向是群众的"美好生活",包括教育、工作、医疗、环境、居住、社会保障等方方面面。

另外,还需要注意报告的另一个表述,即我国"仍处于并将长期处于社会主义初级阶段的基本国情没有变,我国是世界最大发展中国家的国际地位没有变"①,必须立足于基本国情和国际地位来解决主要矛盾,而不能超越现实。

综上,"百年未有之大变局"是对国际总体形势的判断,"新时代"是对国内形势的判断。当前的评论需要站在两种判断组成的坐标体系中进行问题的宏观把握。其中,"新时代"是根本性遵循,以应对"大变局"的复杂态势。

其次,明确国内和国际政治发展面临的重要议题。

评论如何发挥它的作用,如何产生实际的效果,引起政府的关注、反馈,直至作出政策上的回应和它所关注的议题有直接的关系。按照政治系统论的观点,如果评论的议题和政府的议题相符,那么这类信息很容易输入政治系统,引起政府的政策输出。在我国的宣传体制和新闻舆论的引导机制下,评论本身具有一定的宣传功能,所以符合并关注国家战略和政策走向的议题,通常就是评论应高度关注的议题。相应地,社会上产生的相关问题,如果牵涉国家战略和政策,也可成为评论的议题。这里具体分为以下三类。

一是国家议题,包括国内和国际两个方面。国内议题,可参照党自十八大以来出台的系列重大决策,特别是2013年《中共中央关于全面深化改革若干重大问题的决定》,2019年《中共中央关于坚持和完善中国特色社会主义制度 推进国家治理体系和治理能力现代化若干重大问题的决定》等,其内容是今后特定时期内党和国家着力要解决的问题,因此也是评论应关注的内容和方向。具体有:党的领导及其执政能力提升;社会主义民主政治建设;社会主义法治建设;行政体系与政府治理;经济制度与发展;文化制度建设;民生保障制度;社会治理体系;生态体系建设;党和国家监督体系等。至于国际议题,某种程度上是国内议题的延伸,主要涉及国际关系和经贸领域。例如,"人类命运共同体"的建构,"一

---

① 习近平:《决胜全面建成小康社会 夺取新时代中国特色社会主义伟大胜利——在中国共产党第十九次全国代表大会上的报告》(http://www.moe.gov.cn/jyb_xwfb/xw_zt/moe_357/jyzt_2017nztzl/2017_zt11/17zt11_yw/201710/t20171031_317898.html?eqid=a10ef933000371e100000003643aae75)。

带一路"的经济合作和其他区域性经贸合作等。而发生在国际层面的事件也会触发国家议题的重新出现。

二是社会议题。国家议题通常可以理解为是从上到下设定的议题，具有制度性、常规性的特点。而社会议题，主要是一种自下而上产生的议题，其特点是分散、偶发，在一定时间段内影响广泛。但是正如上文所说，这类议题也可归在国家议题的框架内。比如，"老人摔倒扶不扶"在一段时间内引发广泛讨论，是涉及社会主义文化建设，互联网快速发展催生的电子商务、大数据、人工智能等行业涉及新的经济制度和监管制度的制定和完善。它所引发的网络谣言、诈骗，甚至网络暴力等问题，日益成为重要的社会问题，涉及网络治理和社会治理。

三是其他突发重大社会议题。一些国家和地区突发的社会冲突，甚至战争、经济或金融危机、或疾病疫情等影响范围广，持续时间长，会引发一系列连锁反应，使得国家必须紧急出台或调整相关政策加以应对。2020年以来的新冠疫情就是这类议题。在国内，如何保障个人生命安全，使群众免于病毒侵害是首要议题。此外，如何在社会层面遏制疫情蔓延，尽快恢复正常的社会经济秩序；如何迅速建立起后疫情时代的制度体系也是重要的议题。而在国际层面，如何加强国际合作，实现信息共享，共同应对疫情扩散，建构新的国际合作机制应是首要议题，对于如何应对特定国家的自私保守的、单边主义的防控政策，如何应对特定国家挑起的污名化、意识形态化的非正常的国家行为也是要关注的重要方面。到目前为止，疫情依旧反复冲击着社会秩序，影响人们的正常生活。它所引发的一系列问题，使人类社会面临着前所未有的挑战。它考验着每个国家和政府的应对能力和水平，也牵涉国与国之间的关系。因此，后疫情时代的评论，疫情是一个重要的变量和因素。

最后，解决新时代评论话语体系的建构问题。

评论是一种特殊的话语和话语体系。在话语理论中，"话语是被社会结构所构成的，并受到社会结构的限制"，因此"政治话语秩序，指被型构的文类和构成政治话语的言说，系统——即使是开放和变动的系统——要在既定时间点上对政治话语进行界定，并划出边界"。[①]20世纪以来，话语和话语理论在戴维森、福柯、哈贝马斯、德里达等人的努力下，逐步走出语言学的领域，进入广阔的社会

---

① [英]诺曼·费尔克拉夫：《话语与社会实践》，殷晓蓉译，华夏出版社2003年版，第59页。

领域和意识形态领域。而早在20世纪初,西方马克思主义者葛兰西就论述过,"意识形态的认同和统治是通过话语和话语权实现的,即通过文化领导权实现的"。①到了20世纪90年代,美国学者约瑟夫·奈还提出了"软实力"这个概念,即强调"通过增强自身文化、政治价值观和外交政策的吸引力,提升国内外政策在他国眼中的合法性与合理性"。当代的语言学者费尔克拉夫研究认为,话语就是一种政治实践,作为一种意识形态实践的话语从权力关系的各种立场建立、培养、维护和改变世界的意义。

党的十八大以来,习近平总书记高度重视中国特色话语体系建构问题。2013年,在全国宣传思想工作会议上,他就指出:"要着力推进国际传播能力建设,创新对外宣传方式,加强话语体系建设,着力打造融通中外的新概念新范畴新表述,讲好中国故事,传播好中国声音,增强在国际上的话语权。"在2016年哲学社会科学座谈会上的讲话中谈道:"在解读中国实践、构建中国理论上,我们应该最有发言权,但实际上我国哲学社会科学在国际上的声音还比较小,还处于有理说不出、说了传不开的境地。要善于提炼标识性概念,打造易于为国际社会所理解和接受的新概念、新范畴、新表述,引导国际学术界展开研究和讨论。"②2021年,在中央政治局集体学习时,他再次强调:"要加快构建中国话语和中国叙事体系,用中国理论阐释中国实践,用中国实践升华中国理论,打造融通中外的新概念、新范畴、新表述,更加充分、更加鲜明地展现中国故事及其背后的思想力量和精神力量。"

"对自己的'硬成就'如果没有相应的概念、理论、观念去解释,尤其没有相应的哲学层面的认识论和方法论去建构,就会依然用基于异域的理论甚至意识形态来'关照'中国,结果必然就失去了心理上的优势。在竞争性的世界政治中,没有心理优势的国家不战自败。"③当前,对于建构中国特色社会主义话语体系,党和政府、学界和媒体正在达成广泛的共识。因此,新时代评论话语体系也应该沿着这个路径去建构。具体来说,包括以下三个方面。

---

① 吴学琴:《媒介话语的意识形态性及其建设》,《马克思主义研究》2014年第1期。
② 习近平:《在哲学社会科学工作座谈会上的讲话》(http://www.xinhuanet.com//politics/2016-05/18/c_1118891128_4.htm)。
③ 杨光斌:《中国政治认识论》,中国社会科学出版社2018年版,第1页。

一是文本层面的语言和结构问题。评论不同于其他信息，有它特殊的语言和文本结构。在语言方面，它具有主观性和客观性相结合、抽象性和逻辑性结合、理论性和实践性相结合三个特点。具体来说，评论一定是针对客观发生的政治事件、政治现象等的评价，但评论者不一定有对事件和现象的一致看法，而是多种多样，甚至是矛盾的，因此它有一定的主观性。在表述上，会出现价值色彩、观念色彩浓厚的词汇。另外，评论是对事实的判断，强调通过现象看本质，所以用词用语会比较抽象，同时论证的过程也会注重强调逻辑性，否则就缺乏说服力。另外，它需要理论的支撑，越权威的理论，越有说服力。同时，它还需要回归实践，以发挥它的作用，否则就成了空谈。至于结构，应由立论、论证、结论三部分构成，立论直截了当，论证逻辑严密，结论要指向明确。综合来看，语言的特点及其结构其实是一个整体。它是以特定的话语描述事实，并在权威性的理论框架、话语逻辑和话语结构中完成对事实的判断。对于评论者，好的评论需要深厚的理论基础、文字基础和语言运用能力。因此，优秀的评论一般都出自优秀的政治家、理论家或媒体工作者。评论也是一个媒体的核心竞争力，体现媒体的品质和影响力。

二是理论层面的核心与边界问题，也可以称作理论框架问题。这在上文中已经有所体现。所谓核心，就是当前的评论，特别是政策性评论，首先应立足我国的实际，包括我国的历史、经验和现状；其次是应坚持中国特色社会主义制度，包括党的领导制度及其领导下的国家治理体系；最后是坚持共产主义信仰。相关表述应成为评论话语体系的核心词汇、关键词汇，并有明确的指向性而不是模糊性。另外，在和西方话语的比较中，能体现鲜明的特点。至于它的边界，一般来讲，是由它的核心词汇和话语限定的。但需要注意的是，边界在特定情况下会发生位移，造成评论的功能弱化。一种情况是理论性词汇过多，造成语言抽象程度过高，增加一般受众的理解难度，评论边界收缩；一种情况是经验性词汇过多，侧重现象描述，刻意追求受众通俗广泛的理解，评论边界扩大、泛化以致失去评论的本来面目和功能。一般来说，评论因其理论性、抽象性、逻辑性，通常并不属于大众都需要理解的范畴，受众面并不广。一般是在特定群体中传播，再通过其他方式逐级产生影响。因此，评论一定要有边界意识，否则其功能将受到影响。

三是在体系层面的多主体话语融合问题。"在媒介政治中共同表达着的话语秩序之中，不同类别的行动者和不同的话语之间存在强大的联合。"① 西方的学者认为，媒介中的政治话语、学院话语、媒介话语有汇流的特点。在我国，建构新时代评论话语体系也要注意这三个方面的融合问题。对此，首先应明确的是这三种话语的主体既有相似之处也有所区别。在我国，政治话语的主体是政党和政府，其中政党的作用处于主导地位，通过特定的政治程序和组织机构行使特定的政治功能。学院话语，也可以称为学术话语，其主体通常是高等教育机构和科研机构。虽然学术话语和政治话语有很大区别，强调理论性和一定的独立性，但在我国，学术话语因坚持马克思主义在意识形态中的指导地位，和政治话语有相同的基础。媒介话语，最鲜明的是它的技术属性，但在社会环境中，它的话语是在技术、市场和政治规则的共同作用下形成的，其主体是媒体机构，但无论中西方，政治都在其中起到主导作用，只是或隐或显。其次，在政治话语、学院话语和媒介话语的关系中，政治话语是主导性话语。其他两种话语通常是围绕着它发挥相应的作用。当然，政治话语功能的发挥也依赖学院话语和媒介话语。学院话语为政治话语提供理论基础，媒介话语为政治话语提供传播途径。它们互相依赖、相互影响，失去任何一方的作用，都会严重影响另一方作用的发挥。最后，新时代评论话语的建构应注意三者的相互作用，形成体系化的建构。当前最紧迫的是基于中国实践的学院话语或学术话语的建构，它需要处理好与西方学院话语的关系，既具有独立性，也不失普遍性。同时，还要注意基于互联网的新媒体的发展。注意自媒体、平台媒体等新兴媒体的媒介属性和语言特点。

总的来说，当前我国评论需要解决的问题，一是找准评论的时间坐标，明确国家发展的阶段、发展目标和面临的世界变局及其挑战。二是明确当前重要的国家议题、社会议题和突发的其他社会议题。立足国内中心任务，注重当前新冠疫情带来的国内国际新挑战。三是着力建构新时代的评论话语体系。既要发挥政党、政府的主体性作用和政治话语的主导性作用，还要注意学院话语，即中国特色社会主义哲学社会科学话语体系的建构。同时，还要了解媒体属性和媒体话语的特点，使评论话语功能最大化。

---

① [新]艾伦·贝尔、[澳]彼得·加勒特：《媒介话语的进路》，徐桂权译，中国人民大学出版社2016年版，第119页。

三、我国评论的发展现状与创新走向

考察评论的发展状况,一是要注意内容的演化,二是要注意载体的演化。按照西方学者的研究,"媒介即讯息",甚至可以认为媒介的变化决定了内容的变化。下面将从宏观的历史视角切入,考察我国评论演化的发展状况。

首先,关于评论的一般发展史。基于媒介史视角,19世纪及其以前可以被看作文字的世纪,其载体是纸张或更早之前的石头、竹简、布帛等;20世纪可以被看作图像和声音,或视听的世纪,其载体是电视、广播等;当前的21世纪,依旧是以视听为主的时代,但载体却更为丰富多样,视听的表现形式出现相应的变化。

评论发源于文字时代,甚至可以说是文字时代的典型特征。在报业史或新闻传播史的记录中,报纸最早的内容就是评论。在西方资本主义的现代化进程中,报纸评论要么是资产阶级革命的宣传工具,要么是政党竞选的工具。以美国为例,直到19世纪中后期,报纸才进入大众化时期,新闻才逐步成为主要内容。虽然如此,由于政治经济制度的原因,评论在报纸中的地位始终不可撼动。能生存至今的百年大报,基本都是重视评论的严肃的报纸。我国报纸评论的发展也经历了相似过程。19世纪中后期,中国的报纸是以变革和救亡图存为主要内容的评论,梁启超等维新派的政论已经体现了较高的文学价值和政治价值。进入20世纪,无论是前半期的民主革命时期,还是后半期的新中国建设时期,报纸评论依旧发挥了重要的作用。《实践是检验真理的唯一标准》等文章开启了党的领导和国家建设的新的历史时期。直到目前,虽然受新媒体的影响,报纸等传统媒体影响力下降,但评论仍具有其他媒体不可比拟的优势。

20世纪是电视的世纪。一战前后缓慢发展,二战后却展现出惊人的生命力和影响力。所谓的媒介化政治,正是在20世纪50年代电视介入政治后,开始改变政治的某些规则和程序。例如,美国的党内初选规则的改变、两党的电视辩论、新闻发布会等都是因电视的产生而出现的。至于评论,从报纸、广播到电视,评论从文字到影像,虽然外在形式发生了变化,但内在规则却变化不多。默罗、克朗凯特、休伊特等著名记者和主持人发挥了电视在评论方面的巨大潜力。观众可以直观地看到现场、看到当事人的神情动作,论述可以直接看到"真相"。虽然我国电视业的起步较西方晚,但丝毫不影响它在短时期内就赶上西方的脚步。改革开放以后，央视《东方时空》的出现，打破了过去类似报纸的严肃风格，带来了生活化的、平民化的且更直接的电视语态。《焦点访谈》《新闻调查》《新闻1+1》等栏目是典型的电视评论栏目，承担了"政府镜鉴"的功能，也成就了一批深受欢迎的记者主持人。在这个时期，电视政论片是电视评论的另一种典型形态。2006年的《居安思危：苏共亡党的历史教训》，以及自党的十八大以来的《跨越》《复兴之路》《复兴伟业启新程———一份历史性纲领的诞生》《百年潮·中国梦》《将改革进行到底》等，和党的政策紧密相关，体现了历史的纵深感和深刻的思想性。

21世纪是互联网的世纪，它极大地扩展了传统媒介的属性和功能，文字、视频、音频等符号信息可以聚合在一个或多个终端，并通过互联网彼此关联。媒体产业演化为信息产业，信息量的暴涨，使得媒体很难抓住受众的注意力。更快的、更短的、更好看的信息适应了社交媒体时代的到来。大数据和人工智能等技术迭代则助推了这种趋势。显然，传统媒体的评论和这个时代格格不入，只能委曲求全。在我国，虽然《焦点访谈》等栏目依然播出，但即使像人民日报、中央电视台这样的媒体，也开始制作五分钟以内的"微"评论片，比如著名的"任仲平"评论就被制作成大量的短视频，还有《习近平用典》也以短视频的形式呈现。而《新闻联播》的主持人则在抖音等短视频平台制作了《主播说联播》等短评视频。除此之外，值得关注的是，东方卫视的《这就是中国》、东南卫视的《中国正在说》这类评论性节目从文字走向电视，由电视走向网络，开创了一种新的节目形态，兼具评论性与电视的视听传播特点。

其次，当前的电视评论与跨屏传播。正如前文所说，由于评论的话语特征，其受众长期以来仅限于特定群体，规模并不大。而随着互联网的发展，特别是社交媒体的发展，传统媒体及其评论影响力持续走低，规模不断缩小，舆论引导能力也不断下降。这种情况，自然引起党中央的高度重视。自党的十八大以来，习近平总书记多次讲话谈到意识形态工作、舆论引导工作的重要性，也谈到要重视新媒体技术的发展，加快媒体融合发展，适应受众群体接收信息习惯的变化。总书记在2019年《求是》杂志发表《加快推动媒体融合发展　构建全媒体传播格局》文章，其中讲到"准确、权威的信息不及时传播，虚假、歪曲的信息就会搞乱人心；积极、正确的思想舆论不发展壮大，消极、错误的言论观点就会肆虐泛滥。这方面，主流媒体守土有责，更要守土尽责，及时提供更多真实客观、观点鲜明的信息内容，牢牢掌握舆论场主动权和主导权。主流媒体要敢于引导、善于疏导，原则问题要旗帜鲜明、立场坚定，一点都不能含糊"。① 评论如果想发挥它的功能就必须有所改变。对此，评论不仅不能弱化，还要加强。这是由我国的制度、当前的发展任务、国际国内的形势、未来的发展目标所决定的。

当前，报纸、杂志评论的作用依旧无可替代，在党政机构、学术研究的发行体系中还在发挥着特定的作用。但评论明显正在朝着多样化的方向发展，评论的视听化已经成为主流，且在制作和传播方面不断创新，效果越来越好。比如，上文提到的东方卫视的《这就是中国》，曾入选国家广播电视总局办公厅2019年度广播电视创新创优节目名单，被评定为2020年度优秀海外传播作品。这种类型的评论节目有以下特点。

一是由学术机构主导或参与制作。《这就是中国》是由东方卫视出品、复旦大学中国研究院参与制作的。其官网显示，"研究院宗旨为分析中国崛起的原因和规律，进行关于中国道路、中国模式和中国话语的原创性理论研究和政策研究，推动中国思想和中国话语在世界范围内的崛起"。② 主讲张维为是复旦大学中国研究院院长。在2016年哲学社会科学工作座谈会，2021年中共中央政治局就加强我国国际传播能力建设进行的第三十次集体学习中，张维为作为学界代表均做了发言。

二是节目定位是建构中国话语体系。《这就是中国》资料显示，其类型是"思想型电视政论"，宣传语是"力求以原创性的中国话语把中国的事情说清楚，并以中国人的眼光和话语把世界的事情说清楚"。该节目的内容基本以张维为论著为理论基础，尝试建构中国话语体系，即"'四足鼎立'的大话语体系，它包括官方的、民间的、学术的、国际化的话语"。③ 做到文化自信，回应西方话语的挑战。

三是跨屏传播。在官方介绍中，该节目还有观视频工作室、观察者网参与制作，说明它的制作机构涉及新媒体。同时，它的节目播出不仅在东方卫视，还在新媒体平台哔哩哔哩（bilibili）播出，同时抖音也有其短视频内容。截至2021年，

---

① 中共中央党校（国家行政学院）：《加快推动媒体融合发展 构建全媒体传播格局》（https://www.ccps.gov.cn/xtt/201903/t20190315_130410.shtml）。
② 复旦大学中国研究院：《研究院概况》（http://www.cifu.fudan.edu.cn/411/list.htm）。
③ 张维为：《中国人 你要自信》，中信出版社2017年版，第159页。

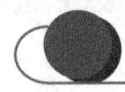

在哔哩哔哩的总播放量达到5500万次,近百万人"追剧"。在2019年的节目研讨会上,复旦大学新闻学院执行院长、党委书记张涛甫说:"《这就是中国》把大众化语言、学术化语言、政治化语言无缝转换。节目聚焦大众关注的话题,并加以正确引导,给其他主流媒体转型提供了有益思路。"

总的来说,该节目是当前电视评论节目的新形式,在节目内容、节目制作、节目传播等方面具有创新性。特别是跨屏传播,符合当前受众的收看习惯,可以实现传播效果的最大化。

最后,电视评论的创新与走向。在新媒体时代,互联网、数字化、人工智能,已经或正在改变着所有大众媒介的技术特征和社会功能。现在的电视和20世纪的电视已经不是一个层面或维度的社会存在。在某种程度上,它仅是一个信息接收终端而已。和电脑、平板电脑、手机的功能没有区别。它在家庭中的"地位"岌岌可危,甚至可以被投影替代。技术提供了无限的可能性,也带来了不可预测性和复杂性。在这种情况下,电视评论该如何创新以发挥它更大的作用呢?

本书认为,一是需重新定义电视,认识电视在新的媒介生态中的定位与功能。特别是基于上述判断,发掘电视独有的优势。比如,作为传统的家庭媒体,相比电影的"大屏"和电脑、手机等的"小屏",它的"中屏"功能应是聚集小范围受众的有效途径。二是重新认识视听时代文字和视听语言的关系。特别是作为评论,其内容的抽象性、逻辑性是很难通过画面进行充分表达的。画面的分割性、跳跃性,甚至在特定情况下会影响论证过程。当前的评论微视频、短视频,其实很难称得上是评论,因为它仅仅是在短时间内阐明了一个观点,缺乏更多的事实支撑和历史的梳理。所以,它主要的功能是宣传、推广,而不是论证。因此,评论的创新是文字与画面更好地结合,文字是核心与基础,画面的主要作用是"证实"。三是跨屏传播的优化。不同的媒介,不同的播出平台和屏幕特征,往往决定了传播信息的形式和内容也有所不同。但随着技术发展和市场竞争的需要,信息也会出现某种融合。比如,短视频的长度标准一直在变化,从一分钟已经延长到十分钟甚至更长。因此,严肃的评论的传播,在进行跨屏传播的时候,一方面应保留观点和足够的论证和事实陈述空间,另一方面要进行基于视听语言的再次创作和创新。

至于电视评论的未来走向,本书较保守地认为,它的作用应低于文字评论。

评论的传播者、传播内容、传播受众决定这是一种主要流动于特定社会政治共同体或政治体系、较专业化的信息。通过电视等视听途径进行的传播，由于收视率等要求，通常偏娱乐，或试图通过某种娱乐化的表达吸引更多受众。宣传、动员的特点更为突出，也因此容易出现另一种传播效果。在当前的中国，结合党和国家的发展战略和国际国内形势，评论的主要作用是讲好中国故事、建构中国话语体系，一方面使国人能够树立道路自信、理论自信、制度自信、文化自信；另一方面在国家间的软实力竞争中处于有利地位。

第一章　评论的话语特征

评论，这里指人们通过特定媒介对社会政治现象或问题的评价和论述。自从人类有了较复杂的社会政治生活，评论就相伴而生，成为一种较普遍的社会现象，具有特定的社会政治功能。随着人类社会的不断演进，特别是在技术革命和工业革命的推动下，人类由传统社会进入现代社会，从专制政治走向民主政治，评论的形态也发生了一定变化或分化。报纸评论、广播评论、电视评论、新媒体评论相继出现，社论、专论、新闻评论、政论片、评论节目等评论形态层出不穷。它们有特定的语言风格和结构，撰写评论也成为一种工作或职业。

评论的媒介化和专业化是媒体现代化、社会现代化、政治现代化的标志之一。政党、政府、媒体、个人，甚至国与国之间都可以在特定的制度和规则下通过现代的大众媒介发表言论，实现特定的社会政治目的和功能。

第一节　评论的话语属性

从评论的历史演化来看，其受到政治规则的广泛影响，或者说它源于政治生活且与政治并行发展。因此，理解评论及其功能，需要从政治出发，并且要将它们放在一个范畴或维度进行观察分析，才能得出相应的结论。对此，本书尝试从话语视角分析评论与政治之间的关系。

一、评论的政治属性

话语在某种情况下可以和语言、符号画等号。因此，它所指代的可以理解为是人类在认识环境、改造环境的过程中，对环境认知的语言化、符号化表达。客观世界通过语言的描述具有一定的主观性。如何去描述，谁去描述，谁的描述是正确的，应该按照哪种描述去推进实践等一系列问题，成为人类社会面临的重要课题。而当这个问题进入政治生活，话语的政治属性或权力属性就凸显出来。围绕话语权，话语主体会产生争论、争斗，甚至是社会范围内的革命和战争。

  这样的事例古已有之，且在中西方都有，而且极其震撼人心。例如，公元前496年，孔子将少正卯诛杀，罪名是"心达而险，行辟而坚，言伪而辩，记丑而博，顺非而泽"①。公元前339年苏格拉底被审判并被处死，罪名是"败坏青年"②。苏格拉底被认为是古希腊最著名的哲学家之一，他一生中做的最主要的两件事情就是——辩论和沉思。1600年前，意大利人布鲁诺被烧死在罗马的鲜花广场，"布鲁诺信奉赫尔墨斯主义以及多元宇宙的理论挑战了正统学说，这种学说认为，上帝是耶稣独一无二的化身同时基督是确定的神启"③。而我国清代登峰造极的"文字狱"则是"因言获罪"的典型案例。总的来说，在专制社会，话语权掌握在统治者手里，客观世界是什么样的，按照什么规则运转，是由他们来定义或建构的。

  在漫长的人类社会演进过程中，人类的语言既在描述和表征着客观世界，也在描述和表征着主观世界，即个人的思维或思想。人类思想既受客观世界和实践影响，也有它自己的内在结构和运行特点。它不是机械地反映客观世界，而是能动地、抽象地、逻辑地思考客观世界的本质、运行规律等。在某些历史条件下，人类的思维和思想会产生某种明显的变化，并通过语言符号去重新描述人的本质、客观世界，人与世界的关系，建构新的世界的图景。在西方，"天赋人权""自然法""社会契约""自由主义""三权分立"等话语不断从传统社会生发。这势必和旧的思维和思想发生矛盾，甚至激烈的冲突。如果这种冲突是小范围的，不代表大多数人的思想，或无法获得更大的影响力和支持，那么自然不会改变社会的运行轨迹和方式。但当冲突不断扩大，得到大多数人的支持，那么社会的改变在所难免。西方从文艺复兴到宗教改革，再到启蒙运动，话语的力量不断增长。例如，在17世纪，"自然权利、社会契约论思想由洛克、卢梭等人的发扬在英、法、美等国发生极大的影响，成为革命的动力，并创建了现代民主政治的基础及个人主

---

① 张岱年：《中国哲学大辞典》，上海辞书出版社2010年版，第477页。
② [美]威廉·F.劳黑德：《哲学的历程 西方哲学历史导论（第4版）》，郭立东、丁三东译，中国轻工业出版社2017年版，第50页。
③ [英]安东尼·肯尼：《牛津西方哲学史（第3卷）近代哲学的兴起》，王柯平译，吉林出版集团有限责任公司2016年版，第23页。

义与自由主义的骨干"①。有学者研究认为,"在近代历史上,政治家按思想家的理论设计和建立一种社会政治制度而大体不走样的最佳例子,大概要算孟氏(孟德斯鸠)分权制衡理念在美国的实践了"②。需要说明的是,这个过程是十分复杂、漫长的,甚至是反复的,本书只是从话语和语言的角度去反映这个过程。

自工业革命以来,西方世界一改农业社会的面貌,逐步进入现代社会发展阶段。一种掺杂着技术的、商业的、世俗的等多种元素的新的话语体系逐渐演化发展。在政治领域,世俗权力代替了教权、皇权。通过"民主"机制,人民实现了对政府权力的掌控和制约。言论自由已经不仅是一种较为成熟的理论话语体系,还纳入国家的制度与法律话语体系。英美等国家,在宪法中开宗明义地确定了言论自由的宪法地位。不过,从历史来看,即使在美国,真正的言论自由从18世纪写入宪法,到20世纪中后期黑人通过艰苦卓绝的民权运动才取得相应权利,法律才真正发挥它的作用。正如美国联邦法院大法官休斯所说:"我们确实是生活在一部宪法之下,但是宪法究竟是什么,法官说了算!"③这充分说明,现代社会的复杂性。政治话语、理论话语与社会一般的大众话语既有同一性,也有差异性,甚至矛盾性。话语在现代社会有时候是可以脱离实践而存在的。或者是超前的,或者是滞后的。它的规律直到20世纪才逐步揭开。

19世纪,伴随着西方现代资本主义制度的演化发展,它内在的矛盾性又被揭露出来。"工业在资本主义基础上的迅速发展,使劳动群众的贫穷和困苦成了社会的生存条件。"④社会主义思想及其话语开始出现在欧洲。1848年,《共产党宣言》在英国伦敦出版发行,标志着马克思主义的诞生。大概20年后,随着欧洲工人运动的蓬勃发展,《共产党宣言》迎来了出版高潮。到19世纪末期,已经有了欧美主要文字的译本。1906年,《共产党宣言》日文版在日本《社会主义研究》期刊发表。1920年,陈望道将日文版全译为中文。此后根据法文、俄文、德文版翻译的中文版本陆续出版。不仅是《共产党宣言》,大量的马克思主义著作随着工人运动和社会主义革命的发展,在全世界广泛传播。俄国革命的胜利、中国革命的胜

---

① 于海:《西方社会思想史(第三版)》,复旦大学出版社2016年版,第67页。
② 于海:《西方社会思想史(第三版)》,复旦大学出版社2016年版,第82页。
③ 翟国强:《依宪治国 理念、制度与实践》,中国政法大学出版社2016年版,第202页。
④ 中共中央马克思恩格斯列宁斯大林著作编译局编译:《马克思恩格斯文集 第3卷 普及本》,人民出版社2009年版,第526—527页。

利，使马克思主义和社会主义从理论落地为政治制度，并传到其他众多国家。

资本主义和社会主义成为两大世界性意识形态，具有各自的话语体系。而由于这两种话语体系在对现代社会形态、社会矛盾、社会发展与组织方式、社会未来走向的表述有很大不同，它们所反映和进行的社会实践也就有了较大差异，甚至是尖锐的矛盾。第二次世界大战结束以后，两种意识形态话语和国家利益高度结合形成了美苏争霸的"冷战"格局。直到柏林墙倒塌，苏联解体，这种斗争才暂时偃旗息鼓。很多学者认为，美国等西方国家能取得胜利，一是苏联等社会主义国家的内部原因，即领导人改革的失败；二是外部原因，即西方经济实力与软实力的胜利。他们对自己的制度更为自信，他们对制度的宣传与输出更为有效。冷战的结果是，西方认为或"证实了"资本主义制度是人类社会可供选择的唯一正确的制度，自然，他们的自由主义话语也就成为一种正确的强势的话语。

20世纪80年代，社会主义中国将过去几十年的"阶级斗争为纲"政策调整为"以经济建设为中心"。经过40多年的发展，中国在各方面都取得了惊人的成就。经济上已经成为世界第二大经济体，政治上的法制化、民主化及其治理能力也取得长足进步，人民的生活水平也显著提高，这都证明了社会主义制度的优越性。但是因与英美等西方国家的意识形态与政治制度迥然不同，始终不被认为是一种现代政治。在我国的社会科学界，自改革开放以来，在与西方交流学习的过程中，大量吸纳西方的概念、理论和话语体系，并用以分析中国政治和中国问题，难免出现偏差和错误。更重要的是，几十年的日积月累、潜移默化，在国家意识形态领域的某些方面形成严重的、观念性的错位。

基于中国经验的话语建构明显落后，意味着在国际关系的文化结构中处于弱势地位，对经济发展形成掣肘。对此，领导人已经注意到建构中国特色社会主义话语体系的重要性。社会科学界，特别是政治学界研究也有明显的语言学转向。"社会科学的性质决定了现在世界上流行的观念，都是来自早现代化国家而且是部分早现代化国家的经验，尤其是英美的经验。"

二、西方的话语研究及其影响

西方话语的强势，一方面在于其几百年来政治、经济、军事实力的日益强化；

另一方面在于其社会科学研究的专业化、精细化、系统化程度较高。欧洲重规范和批判的研究与美国重经验和实证的研究相辅相成，对世界各国的社会科学研究影响深远。

　　理解话语，首先要理解话语与语言、言语的关系。总体而言，这都属于或源于语言学研究。在索绪尔那里，"言语是一个人运用语言的行为和结果。语言是语音、词汇、语法等所构成的一套规则系统，是对言语的抽象概括；言语是语言的表现形式，是运用语音、词汇和语法等手段说出、写出的具体的话语／语句等。换言之，语言是作为交际工具和思维工具的一套符号系统。言语就是个人运用语言这套系统进行口头表达／书面写作的行为和结果"①。话语来自语言，"是人们说出来或写出来的语言，是特定社会语境中人与人之间从事沟通的具体语言行为，包括说话人、受话人、文本、沟通、语境等要素"②。从它们之间的关系可以看出，话语是语言的应用，侧重话语的社会性研究，属于语言社会学的范畴。

　　当前学界语言学或话语研究的概念、理论、话语体系基本是西方的。按照一般的语言学界定，我国的语言研究也可以追溯到先秦时期。有学者认为，先秦诸子的"名实之争"已经涉及语言问题。《尔雅》被认为是我国第一部语言学专著。"古人在训诂、字书和韵书领域所治的'小学'主要以文字为对象，是为解经服务的，即使事实上研究的是语言问题，也多从文字的角度切入。"③到了近代，有学者研究认为，我国的语言学经历了两次转型。第一次是19世纪末到20世纪60年代，中国传统的语文学向现代的语言学转型，跟上了世界语言学发展的潮流。标志有1898年《马氏文通》的出版、白话文运动等。第二次转型是从20世纪70年代以后开始的，是传统小学开始向现代的科学化转变。80年代以后，开始大量引进西方语言学名著，如索绪尔、乔姆斯基等人的著作。同时，"突破了内部语言学和本体研究的局限，拓展到外部语言学研究和为社会生活服务的语言应用研究"。④当前，中国的语言学研究取得了丰硕的成果，但在学界看来问题也不少。最大的问题就是与西方语言学理论亦步亦趋，没有批判性的思考，自己特色的研究与理论建构不多。而在话语研究方面也是如此，根据某学术数据库关键词检索，

---

① 杨德爱：《语言与文化》，云南大学出版社2020年版，第134页。
② 吴学琴：《媒介话语的意识形态性及其建设》，《马克思主义研究》2014年第1期。
③ 聂友军：《东亚语言与文化》，浙江工商大学出版社2018年版，第13页。
④ 李如龙：《汉语特征研究》，厦门大学出版社2018年版，第133页。

近5年来，每年的发稿量均在4000篇左右，其中话语权的研究占多数，基本以西方理论为框架。

那么，西方话语理论的特点是什么呢？又是如何成为其他国家话语研究框架的呢？

在语言学史来看，"语言科学的第一步是由西方哲学之父柏拉图迈出的，是直接从他的哲学思辨开始的。为了解决真理问题，柏拉图注意到了话语"①。此后亚里士多德也在哲学、逻辑学的作品中经常论及语法，其中《范畴篇》和《解释篇》是很重要的两篇，另外，他在《形而上学》中也不时涉及语言问题。据语言史学者研究，西方的语言学研究大致可以分为五个时期，一是古代语文学时期，大致在19世纪以前，研究的主要目的是解释经典；二是历史比较语言时期，大致在19世纪到20世纪初，语言学从经学的附庸成为独立的科学；三是结构主义主导期，大致从20世纪初到20世纪中期，代表人物是索绪尔和他的《普通语言学教程》；四是转换生成语言学主导时期，大致在20世纪50年代到70年代，代表人物是乔姆斯基和他的《句法结构》；五是功能主义主导期，大致从20世纪70年代至今，"西方语言学开始打破一种语言学理论占据主导地位的情况，出现了学派林立、理论多元化的局面。但总的趋势是突破以往语言学研究只关注语言系统内部结构规律的局限，开始把研究的目光投向语言系统外部，重视语用和功能，重视非语言的因素对语言结构的影响"②。

语言学家将20世纪70年代视为一个重要的时间节点，即出现了"语言学转向"的学术思潮，即人文社会科学领域发展出以语言为中心的、批评实证主义方法论的研究取向。在学者看来，这是"欧陆传统的内在变化，具体表现为法国德里达与福柯开创的后结构主义语言学以及德国伽达默尔在海德格尔基础上发展的阐释学治学"③。语言学中的话语研究就包括其中。学者认为，其最早可以追溯到哈利思于20世纪50年代语言学的话语分析。"在他看来，正像语法规则支配着句子内部各成分的关系一样，话语内部句与句之间也有某种支配法则使之配合。"④

---

① 褚孝泉：《言为心声 语言、思想、文化论集》，复旦大学出版社2012年版，第82页。
② 杜道流：《西方语言史概要》，北京交通大学出版社2008年版，第8页。
③ 郭台辉：《语言的政治化与政治的语言化——政治学方法论的"语言学转向"问题》，《政治学研究》2019年第4期。
④ 何平：《文化与文明史比较研究》，山东大学出版社2009年版，第235页。

经过数十年的发展，话语研究几乎遍布所有人文社会科学，研究话题繁多，理论和方法也层出不穷。

近年来，我国社会科学研究也出现了较大范围语言学转向或话语转向的现象。在政治学领域，这种转向"是以语言为分析中心，发展出语言学的视角与方法，其中，在观察事物的视角与进路方面强调'语言的政治化'，把语言关联到民族认同、国家权力、意识形态、制度规范、政治行动过程与结果等，让语言在认识人类政治世界并形成政治学知识的过程中起到重要作用"①。另外，学界还强调"政治的语言化"，通过话语分析等技术手段，把文本语言作为调查对象，形成政治学方法论的语言学视角。

历史地看，语言学研究是从哲学演化而来，随后在19世纪即逐步科学化。进入20世纪，它又和其他学科交叉，不断强化了它的应用性和批判性。它既是一种复合型的理论，又是一种复合型的研究方法。基于当代西方语言学者费尔克拉夫的研究，并结合我国当前学界对语言和话语分析的方法偏好，话语分析方法大概可以分为非批判性方法，包括谈话分析、文本分析等；批判方法，包括话语和意识形态、话语权等的关系研究等。对于后一种方法，福柯的话语分析方法影响巨大。他的"考古学"关注"作为建构知识领域之规则的话语类型"，"谱系学"侧重于知识与权力的关系，晚年关注的伦理学，关注个体如何应该将自身建构为他的行为的一个道德主体的问题。② 费尔克拉夫总结了福柯有关话语的主要见解：

1. 话语的建构性——话语建构社会，包括建构"客体"和社会主体；

2. 互为话语性和互文性的首要地位——任何话语实践都是由它与其他话语的关系来界定的，应以复杂的方式利用其他话语；

3. 权力的话语本性——现代生物权力的实践和技术在相当程度上是话语性的；

4. 话语的政治性——权力斗争发生在话语之内和话语之外；

5. 社会变化的话语本性——变化着的话语实践是社会变化中的一个重要因素。③

---

① 郭台辉：《语言的政治化与政治的语言化——政治学方法论的"语言学转向"问题》，《政治学研究》2019年第4期。
② [英]诺曼·费尔克拉夫：《话语与社会实践》，殷晓蓉译，华夏出版社2003年版，第37页。
③ [英]诺曼·费尔克拉夫：《话语与社会实践》，殷晓蓉译，华夏出版社2003年版，第52页。

费尔克拉夫在总结福柯等人话语研究方法的基础上，提出了较为系统的研究方法。包括以下三个层次：一是侧重文本分析的话语研究，包括词汇、语法、连贯性和文本结构等。二是话语实践，包括文本生产、分配和消费的过程。其中，互文性是一个重要的分析向度，这个概念"将文本看作过去的东西——现存的习俗和已有的文本——改造成现在的东西"①。三是作为社会实践的话语。"将话语置于一种作为霸权的权力观中，置于一种作为霸权斗争的权力关系演化观中。"② 这三个层次相互关联，从话语的文本分析到话语的意识形态结构，体现了从微观到宏观、从经验到批判的整合性研究视角。

三、话语政治与政治话语

话语和政治之间是什么关系，在上文已有所体现。这里再从学理上进行重新梳理。从理论上看，话语是语言或言语的另一种表述，强调的就是它的社会属性或政治属性。那么，话语的这种属性是它的本质属性，还是随着政治生活的出现、演化、发展而生成的？

相关的论述最早可以追溯到亚里士多德时期，即他提出"人天生就是政治动物"，强调人性对共同体生活的趋向。政治在他看来就是和"城邦"相关联的社会活动，即"个人不能离开城邦而独立生活"，并"用伦理道德观念将城邦国家加以美化，指出城邦是个人的本质，国家高于个人，国家的目标是追求最高的善，是达到城邦的美满幸福和优良生活"。③

从亚里士多德的论述中可以大致推出，既然人天生是政治动物，那么话语自然也就具有政治属性，但这种政治属性只是在参与城邦事务的时候才表现出来。这种推理须注意以下三个问题：①这种推导如果成立，首先应解决什么是政治的问题；②这是一种话语逻辑的推导，话语逻辑和经验逻辑的关系在某种情况下是建构的；③这种建构受到什么因素的影响。

（一）政治是什么

从古希腊开始，人们就尝试给政治下定义，用最简单的话描述政治的特点。

---

① [英]诺曼·费尔克拉夫：《话语与社会实践》，殷晓蓉译，华夏出版社2003年版，第79页。
② [英]诺曼·费尔克拉夫：《话语与社会实践》，殷晓蓉译，华夏出版社2003年版，第80页。
③ 张井梅：《亚里士多德》，陕西师范大学出版总社2017年版，第119页。

但是千百年来，人们对政治的认识从没有统一过。

政治追求权力的分享，追求对权力的分配有所影响——不论是在国家之间或者是在同一个国家内的各团体之间。①

——马克斯·韦伯

政治就是对社会价值的权威性分配活动。②

——戴维·伊斯顿

政治是任何在重大程度上涉及控制、影响力、权力或权威的人类关系的持续模式。③

——罗伯特·达尔

政治就是图谋权力，研究政治就是研究权力的形成和分配。④

——拉斯韦尔、卡普兰

政治是解决个人利益冲突的过程。⑤

——詹姆斯·布坎南

政治是参与一个社会的全面的管理过程。⑥

——奥克肖特

在一定的经济基础上，人们围绕特定利益，借助于社会公共权力来规定和实现特定权利的一种社会关系。⑦

——王浦劬

政治是人类集体生活的一种组织和安排，在这种组织和安排之下，各种组织、团体和个人通过一定的程序，实施对集体决策的影响。⑧

——燕继荣

以上是部分中外学者给政治下的定义，有一定的代表性，但都不能被认为是标准或权威。这说明人们在描述政治现象的时候，一是站的角度不同，自然看到

---

① [德]马克斯·韦伯：《学术与政治》，钱永祥译，上海三联书店2019年版，第205页。
② 刘会柏、谭斌主编：《政治学原理》，西南交通大学出版社2012年版，第2页。
③ 林骧华主编：《外国学术名著精华辞典》，上海人民出版社1994年版，第153页。
④ 谢庆奎：《当代中国政府与政治》，高等教育出版社2009年版，第16页。
⑤ [美]布坎南：《自由、市场和国家》，上海三联书店1989年版，第60页。
⑥ 王浦劬：《政治学基础》，北京大学出版社1995年版，第5页。
⑦ 王浦劬：《政治学基础》，北京大学出版社1995年版，第5页。
⑧ 燕继荣：《现代政治分析原理》，高等教育出版社2004年版，第19页。

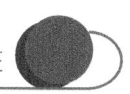

的政治图景也不同;二是表述的方式不同;三是人们的理解不同。这就造成了政治的多义性。对读者而言,最直观的就是话语表述的不同。话语和思维相连,也就表明了政治在某种程度上是一种话语的产物、观念的产物。

具体来讲,就以上定义,政治最核心的要素应是"权力"。那么,什么是权力?这里的权力是个人权力、公共权力还是国家权力?它的目的是什么呢?现代社会科学已经是一个不断累积、不断结构化、系统化的理论体系和话语体系。权力的概念在现代社会科学中通常划归在社会学领域。目前为止,虽然也没有统一的定义,但相对来说,比政治的定义要简洁。"从总体来看,权力是一种影响力,是借助于各种方式实现对他人制约、影响和控制的能力。"① 强制性的影响力,是权力的基本特点。这个定义涵盖人类社会的多种权力现象,既包括个人权力,也包括国家和政府权力,也就是所谓的公共权力。在政治学里,有人认为政治是在国家产生以后才出现的,但也有人认为国家产生之前就存在政治现象,也就是权力本身就是政治的基本属性,只要有强制力的存在,就是一种政治活动。

(二)话语政治

政治的核心是权力,政治的运行也就是权力的运行。"人是天生的政治动物",也就是人天生就处在一种权力关系中。所谓的权力关系,就是一方对另一方的影响力或强制力。这可以看作一种学术话语的表达,也可以还原为一种日常政治话语的描述。20世纪,社会科学由宏观走向微观,由哲学思辨转向实证分析,提供了这个验证机会。例如,德国社会学家卢曼的理论虽然多被界定为晦涩难懂的建构主义社会学,但其对社会的观察和理论总结具有很大的影响。在他看来,社会是由沟通组成的而不是我们通常所认为的"人",这打破了我们的思维定式。在日常生活中,正是沟通交流组成了社会。没有交流,自然是"物质"的摆设。人们绝大部分的沟通依赖中介物,近距离是语言、言语或话语,远距离则需要借助技术媒介,其内容还是特定形态的话语。在卢曼看来,沟通很难达成理解,因为话语的传递需要经过三个环节,即说话者需要选择要传递的内容,需要选择传递的方式,而接受者需要理解传递的内容。这三个过程必然导致内容的扭曲或差异化。这种差异化会带来两个结果:一是社会的分化;二是形成社会沟通标准。比如,当沟通的内容涉及政治,就会形成政治系统,而政治系统会有特定的沟通标

---

① 鲁敏主编:《当代中国政府概论》,天津人民出版社2019年版,第146页。

准，也就是通过权力来进行沟通。在此，卢曼的社会学理论也提到了"权力"这个名词。当然他只在政治系统谈到了"权力"作为系统信息传播的媒介和标准问题，即"是否人们能有（或没有）职位以及做决定的权力"[①]。而在经济系统里他认为"货币"是标准，即是否有支付能力。但在本书看来，这些标准其实都是权力的特征。没有支付能力，就没有权力获取某种物品的使用权，对方也就有权力拒绝你获得该物品的使用权。另外，话语既是人的基本机能，也是人类创造和使用的交流符号。在学习、使用话语符号的过程中，权力的因素就掺杂其中。比如，掌握较多语言并能熟练运用语言的人相对来说就会在对话中掌握一定的主动权。日常对话中，你称呼某人的方式也就决定着你所处的社会地位，也决定着你是否具有某种影响力。所以，话语沟通的过程就是在一定的权力关系中进行的，这就是话语政治的生成过程。

（三）政治话语

在上文中，政治的核心要素是权力，而权力在生活中无处不在，所以政治几乎是遍布于社会的，或者社会和政治是一体的。人的沟通形成社会，人的话语自然具有权力和政治属性，话语政治也就具有了普遍性。按照西方主流的政治学理论，这种分析可能比较另类，甚至与主流政治学相对。因为现代政治更强调社会自治、共治，消解权力，特别是政府权力的作用。对此，本书认为，西方政治话语本身也在流变和不断地阐释，比如政治（politics）、国家（nation）、权力（power）等概念的本义和引申义甚至有很大差别。更何况，政治实践也会修正政治理论和政治话语。所以，话语政治的论证有它的合理性。当然，这种思路并不是要和传统的理论对立，而是希望在共同的基础上开辟一个新的研究思路或路径。

近代以来，"作为一种理论和实践的话语，在发展过程中存在着几个明显且重要的转变：从研究领域来看是语言科学向社会科学的转变，从性质上来看是现代性向后现代性转变，从作用方式来看是权力建构向权力颠覆的转变——这几个转变相对独立，但又具有一定的内在逻辑关系，并且话语通过这三个转变逐步获得了独立的政治学意义"[②]。

[①] Georg Kneer, Armin Nassehi：《卢曼社会系统理论导引》，鲁贵显译，巨流图书公司1998年版，第170页。

[②] 张凤阳：《政治哲学关键词》，江苏人民出版社2006年版，第344页。

第一章 评论的话语特征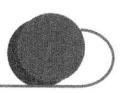

  本书认为，从话语角度界定的政治可以细分为以下三个层次：第一个层次是交往和沟通过程中的政治。它不涉及国家、政府等公权力部分，是在日常生活、工作、学习等过程中体现的话语及其权力关系。类似于吉登斯所说的"生活政治"①、福柯的"微观政治"②和贝克的"亚政治"③等。这种话语政治也可以视作一种文本政治，即文本本身，或透过文本即能观察到权力关系。第二个层次是政策过程中的政治，它是与政府政策的制定、施行、反馈等过程相关的政治，是个人与国家连接的中间部分。与这个过程相关的政治话语就是我们通常所理解的政治话语，即围绕政府公共权力运行的话语体系。这种话语体系和以政府为中心的政治体系基本是相互对应的。第三个层次是意识形态的政治，是内化于人的思维，偏向于理想政治的观念政治。它和现代的哲学社会科学，特别是政治学的发展、传播有很大关系。抽象、思辨、主观是它的特点。因此，它所体现的话语是一种高度建构主义的话语，是一种学术性政治话语。以上三种政治或政治话语可以简称为交往政治（话语）、政策政治（话语）、观念政治（话语）。我们通常所说的政治话语是政策政治话语和观念政治话语，其中又以政策政治话语为主，这三种政治及其话语是历史形成的。交往政治是政策政治的基础和源泉，政策政治和现代哲学社会科学发展相结合形成了观念政治。观念政治是现代政治的高阶形态，它会影响政策政治，并通过政策政治影响交往政治。在话语形态和表征层面，从交往政治、政策政治到观念政治，日趋理论化、抽象化、系统化、复杂化。所涉及的人群范围逐步缩小，但话语的权力特质和影响力却日益增大。本书主要论述的是政策政治及其话语形态。

---

① 生活政治，英国学者吉登斯提出的理论。这种理论相对于解放政治，关注的是生活机会（life chances）、生活决定（life decisions）。这是一种如何选择身份及相互关系的政治。关于我们在传统与习惯已趋衰落之后应当怎样生活、如何重建社会团结，以及如何对生态问题做出反应等。（郑伟：《全球化与"第三条道路"》，湖南人民出版社2003年版，第116页。）
② 福柯的微观政治指内在于所有社会活动和日常生活层面的弥散化的、微观化的权力结构和控制机制。（郑少东：《行动的自我与身体——吉登斯"生活政治"研究》，浙江工商大学出版社2016年版，第5页。）
③ "亚政治"是指以前未卷入实质性的技术化和工业化过程的团体在社会安排中有了越来越多的发言权和参与权，对社会和政治决策具有不可替代的影响力，从而，政治的领域不仅仅局限于国家、政府、政党、议会、司法等方面。（郑少东：《行动的自我与身体——吉登斯"生活政治"研究》，浙江工商大学出版社2016年版，第5页。）

第二节 话语秩序与社会变迁

与前文探讨什么是政治的定义一样，探讨评论的定义也需要穿透如今复杂的专业术语，回到话语及话语所表征的社会中观察分析。

一、评论的话语秩序

这里引入福柯话语理论的一个专业术语——话语秩序。"它主张文本在宽泛的含义上对'系统'有两个导向：语言系统和话语秩序……文本来自系统，但也构成（重构）了系统……话语秩序是与既定的社会领域相关联的文类和话语。"他还提到，"政治变动的性质可以依据变动的话语表达和话语秩序之间变动的关系来进行特征描述和探索"。[1] 福柯的话语秩序与两个因素相关，一个是整个话语系统，另一个是社会秩序。根本上与社会秩序相关，或者本身就是社会秩序的反映。"秩序"是一个关键词，代表一种规则。据此，本书认为评论作为一种话语，在内容上是对社会政治现象和问题的评价，而在语体规则层面，是基于"是"或"否"的判断，而在话语秩序上出现的话语重叠、话语重构或话语替代现象。在理论上，和互文的含义类似，在于互文的"量"和结构的差异问题。

所谓话语重叠，表示评论的话语和当下的政治话语高度一致，且与政治话语所表征反映的社会实践和社会秩序高度一致。通常情况下，此类话语主体一般是处在政治体系之中，为了维护政治体系和社会体系的正常运转，实现稳定的社会秩序而产生的。

例如：

党的领导是中国特色社会主义最本质的特征，是中国特色社会主义制度的最大优势。5年来，改革开放和社会主义现代化建设之所以取得了历史性成就，中国特色社会主义之所以焕发出勃勃生机，最根本的是有以习近平同志为核心的党中央的坚强领导。砥砺奋进的5年，党的创造力、凝聚力、战斗力和领导力、号召力不断增强，党总揽全局、协调各方的领导核心作用充分发挥，这是5年来最具深远意义的成就，也是我们取得一切发展进步的根本原因。尤为重要的是，习

---

[1] [新]艾伦·贝尔、[澳]彼得·加勒特：《媒介话语的进路》，徐桂权译，中国人民大学出版社2016年版，第116—117页。

近平总书记系列重要讲话精神和治国理政新理念新思想新战略，把我们党对共产党执政规律、社会主义建设规律、人类社会发展规律的认识提高到新水平，构成了一个科学完整的思想理论体系，是马克思主义中国化最新成果，开辟了当代中国马克思主义发展新境界。

——2017年10月18日人民日报社论：《开辟中国特色社会主义新境界——热烈祝贺中国共产党第十九次全国代表大会开幕》

从这段评论话语中可以看到，党的领导、中国特色社会主义、习近平同志为核心的党中央、治国理政、马克思主义中国化等表述与既有的政治话语高度一致。这是典型的话语重叠现象。

所谓话语重构，表示评论的话语还是在当下的政治话语体系之中，但是话语的表述方式或结构根据某种需要进行了改变。评论话语结构和秩序发生变化，意味着政治秩序和社会秩序在某些方面出现变化，但总体上还保持着一致性。这类话语的主体既可能出现在政治体系内部，也可能出现在其外部环境中。在现代社会，学术机构的话语大多具备这种特点，其目的主要在于维护政治和社会秩序的稳定。

例如：

这次全会通过的《决定》(《中共中央关于经济体制改革的决定》和《中国共产党第十二届中央委员会第三次全体会议关于召开党的全国代表会议的决定》)，表明我们党对我国国情和社会主义经济建设规律的认识，达到了新的高度。《决定》在许多问题上，特别是在商品经济、价值规律这些大问题上，冲决"左"的思想束缚，打破旧的传统观念，抛弃长期视为正宗的清规戒律，澄清在许多人中间存在的模糊认识。过去一提商品经济，一些同志总是把它同资本主义视为一回事，也就不敢发展商品生产和商品交换。有的时候我们也曾注意到要重视价值规律，认为它是一个大学校，可是并没有真正弄清楚这个问题，实际上还是轻视甚至无视这个客观法则。现在我们终于明白了：社会主义的计划经济，必须自觉依据和运用价值规律，是在公有制基础上的有计划的商品经济。企业有充分活力，应该是中国式社会主义的一个特征。按照这个决定指出的方向进行改革，我们将创立的经济体制，既与资本主义模式根本不同，又与某种僵化的社会主义模式大有区别，而是具有中国特色的、充满生机和活力的社会主义经济体制。

——1978年人民日报社论《满怀信心夺取改革的全面胜利》

在这段话里可以看到两种话语，一种是国情、社会主义经济规律、公有制、社会主义经济体制、中国特色等话语；另一种是商品经济、资本主义、资本主义模式等话语。在这两种话语之外，还有冲决、打破、抛弃、澄清等话语。这是在保持既有制度和规则（话语）体系的前提下，通过一些词句对相关表述的转换，达成最终的目的。

所谓话语替代，表示评论的话语大部分或全部已经不在当下的政治话语体系当中，话语的表述和结构也出现了较大规模的改变。评论话语所表征的是另一种社会秩序，而不是当下的社会秩序。话语主体在政治体系内部、环境之中都会出现，其目的是改革现有的政治和社会秩序。通常表明当下的政治和社会出现了较为严重的问题。

令行于民期年，秦民之国都言初令之不便者以千数。于是太子犯法。卫鞅曰："法之不行，自上犯之。"将法太子。太子，君嗣也，不可施刑，刑其傅公子虔，黥其师公孙贾。明日，秦人皆趋令。行之十年，秦民大说，道不拾遗，山无盗贼，家给人足。民勇于公战，怯于私斗，乡邑大治。秦民初言令不便者有来言令便者，卫鞅曰："此皆乱化之民也。"尽迁之于边城。其后民莫敢议令。①

——（汉）司马迁《商鞅徙木立信》

法令者，代谋幸福之具也。法令而善，其幸福吾民也必多，吾民方恐其不布此法令，或布而恐其不生效力，必竭全力以保障之维持之，务使达到完善之目的而止。政府国民互相倚系，安有不信之理？法令而不善，则不惟无幸福之可言，且有危害之足惧，吾民又必竭全力以阻止此法令。虽欲吾信；又安有信之之理？乃若商鞅之与秦民适成此比例之反对，抑又何哉？②

——毛泽东1912年6月《商鞅徙木立信论》

党八股这个形式，不但不便于表现革命精神，而且非常容易使革命精神窒息。要使革命精神获得发展，必须抛弃党八股，采取生动活泼新鲜有力的马克思列宁

---

① 卢正言：《毛泽东读过的中国古代散文》，上海辞书出版社2013年版，第104页
② 毛泽东：《毛泽东早期文稿1912.6-1920.11》，湖南人民出版社1990年版，第1页。

主义的文风。这种文风，早已存在，但尚未充实，尚未得到普遍的发展。我们破坏了洋八股和党八股之后，新的文风就可以获得充实，获得普遍的发展，党的革命事业，也就可以向前推进了。[①]

——毛泽东1942年2月8日《反对党八股》

以上节选的三篇评论文章的话语有明显的特点和变化，一是从文言文到白话文；二是内容上，从秦民、太子、君嗣等到吾民、政府、国民，再到革命精神、马克思列宁主义、文风、党的革命事业。话语的表述方式、风格、结构、内容均发生了很大变化。特别是毛泽东的评论话语从1912年到1942年这30年的变化，不仅是话语秩序的变化，也展现了社会秩序的巨大变化。

二、评论话语与社会变迁

如上文所论，评论话语秩序与政治秩序、社会秩序之间有一定的对应性。正如刘勰在《文心雕龙·时序》中所说："文变染乎世情，兴废系乎时序。"[②]什么样的话语表征什么样的社会，社会的变迁可以透过话语变迁得到反映。同时，还应该注意到，话语秩序的变化可以从以下两个方面进行判断：一是话语形式，即话语的结构或风格；二是话语的内容，即话语所包含的词汇、语句等。形式和内容的变化通常具有对应性，也就是形式变化，内容也会出现变化。但有时会出现内容变化，但形式不变，或变化不大的问题。比如，我国新文化运动时期，旧的结构承载了新的内容词汇。也有新的结构，出现旧的内容。这说明，话语秩序的变迁和社会秩序的变迁在特定时刻会有特殊的表现形式，特别是在变革时期。以下对我国评论话语和社会变迁之间的关系做简要梳理。

（一）我国19世纪之前的评论话语

这个时间大致可从我国先秦时代到日益崩溃的19世纪中后期的清朝。因为文字语言的缓慢发展、教育的普及化程度有限，特别是传播媒介尚未有大规模的机械化生产，所以这个阶段的评论通常都是在政治体系内部，也就是在专制体制的官僚体系之内。即使有民间的评论出现在社会中，通常也是得到官僚体系接纳，

---

① 晋察冀边区阜平县红色档案丛书编委会编：《晋察冀日报文摘》，中共党史出版社2017年版，第11页。
② 黄霖：《文心雕龙汇评》，上海古籍出版社2005年版，第148页。

或本身就是官僚体系信息反馈机制运作的结果。

在文学家看来，评论作为一种独立的文体是在19世纪以后才出现的，在此之前是作为一种文学形式而存在。先秦诸子的散文很多具有论说性质，可以归入此类。比如，《庄子·齐物论》（节选）：

瞿鹊子问乎长梧子曰："吾闻诸夫子：圣人不从事于务，不就利，不违害，不喜求，不缘道，无谓有谓，有谓无谓，而游乎尘垢之外。夫子以为孟浪之言，而我以为妙道之行也。吾子以为奚若？"

长梧子曰："是皇帝之所听荧也，而丘也何足以知之！且女亦大早计，见卵而求时夜，见弹而求鸮炙。予尝为女妄言之，女以妄听之。奚旁日月，挟宇宙，为其胞合，置其滑涽，以隶相尊？众人役役，圣人愚芚，参万岁而一成纯。万物尽然，而以是相蕴。予恶乎知说生之非惑邪！予恶乎知恶死之非弱丧而不知归者邪！丽之姬，艾封人之子也。晋国之始得之也，涕泣沾襟。及其至于王所，与王同筐床，食刍豢，而后悔其泣也。予恶乎知夫死者不悔其始之蕲生乎？梦饮酒者，旦而哭泣；梦哭泣者，旦而田猎。方其梦也，不知其梦也。梦之中又占其梦焉，觉而后知其梦也。且有大觉而后知此其大梦也，而愚者自以为觉，窃窃然知之。'君乎！牧乎！'固哉！丘也与女皆梦也，予谓女梦亦梦也。是其言也，其名为吊诡。万世之后而一遇大圣知其解者，是旦暮遇之也。"

译文：

瞿鹊子问长梧子说："我听孔夫子说过：'圣人不愿营谋治理天下的俗事，不知贪图利益，不知躲避祸害，不热衷于妄求，无心攀援大道，没有说话却好像说了话，说了话却好像没有说话，邀游于世俗之外。'孔夫子认为这些都是不着边际的无稽之谈，而我却认为这正是大道的表现。先生认为怎么样？"

长梧子说："这些话连皇帝听了都会感到疑惑不明，孔丘又怎么能够理解呢！而且你也太操之过急，就好像是见到鸡蛋就想得到报晓的公鸡，见到弹丸就想得到鸮鸟的烤肉。我试着给你随便说说，你也就随便听听吧。为什么不依傍着日月，怀抱着宇宙，与万物混为一体，任其樊然散乱而不顾，把卑贱与尊贵看作一样呢？凡人驰逐是非之境而劳役不息，圣人安于浑然无知，糅杂古今万事万物以为混沌一团。万物都是如此，互相蕴积包裹而不分是非、可否、死生、利害。我怎么知道世人喜欢活着就不是一种迷惑呢！我怎么知道世人害怕死亡，就不是像幼孩迷失在外而不知回归其故乡呢！骊姬，是骊戎国艾地守封疆人的女儿。晋国刚得到她的时候，她哭得泪水湿透了衣襟；等到进了晋献公的王宫里，与君主同睡在一个安适的床上，吃着美味的肉食，这才后悔当初不该哭泣。我怎么知道死去的人不会后悔当初的祈求生存呢！夜里梦见饮酒作乐的人，早晨起来或许就会遇到伤心事而哭泣；夜里梦见哭泣的人，早晨起来或许就会高兴地打猎。正当人在做梦的时候，不知道自己是在做梦。梦中又梦见在占卜梦的吉凶，醒来以后才知道自己是在做梦。只有非常清醒的圣人，才明白人的一生好像是一场大梦。而愚昧的人却自以为清醒，好像对是非知道得很清楚。他们喊着'君呀、臣呀'的，实在顽迷固陋极了。孔丘与你，都是在做梦；我说你在做梦，我也是在梦中。我谈的这番道理，可以称为吊诡。万世之后能遇到一位能悟解这番道理的大圣人，就已经好像是在旦暮之间了。"①

《庄子·齐物论》从文学角度看是一篇散文，但因"论"字，具备议论特点，也可归为论说文。它在形式上是典型的古文言，内容上由五个相对独立的故事组成，但有统一的主线。"天地与我并生，而万物与我为一"，涉及的是哲学层面的主我与客我的关系问题。虽没有直接的政治观点，但文中所举案例，涉及尧、舜、孔子等人，和晋国、宗、脍、胥敖等国，内在地关涉治国的观念。"天地"代表一种自然秩序，也可转化为政治秩序和社会秩序。另外，还应注意到该文所处的历史环境，即春秋战国时期战乱不断、百家争鸣，如何寻找到一个彼此认同的治国之道，是当时争论的核心问题。

汉代贾谊的《过秦论》也是古代著名的评论文章，当然，也被文学家归为散文。

且夫天下非小弱也，雍州之地，崤函之固，自若也。陈涉之位，非尊于齐、楚、燕、赵、韩、魏、宋、卫、中山之君也；锄耰棘矜，非铦于钩戟长铩也；谪戍之众，非抗于九国之师也；深谋远虑，行军用兵之道，非及向时之士也。然而成败异变，功业相反，何也？试使山东之国与陈涉度长絜大，比权量力，则不可同年而语矣。然秦以区区之地，致万乘之势，序八州而朝同列，百有余年矣；然后以六合为家，崤函为宫；一夫作难而七庙隳，身死人手，为天下笑者，何也？仁义不施而攻守之势异也。

---

① 方勇、刘涛：《庄子译注》，上海古籍出版社2019年版，第40-41页。

译文：

秦国的力量并没有减弱，雍州之地，崤函之险，依然如故；陈胜之地位，不比齐、楚、燕、赵、魏、韩、宋、卫、中之君尊贵；锄耰棘矜，不比钩戟长铩之锋利；贬谪戍边之卒，不比九国之军强大；深谋远虑，用兵之术，不比前六国的将士。然而前者成功，后者失败，力量与功业正成反比。假使让陈胜与山东六国比力量之强弱，权力之大小，则不能同日而语。可秦以区区雍州之地，发展到万乘之国，握天子之权，统治八州，令诸侯来朝，百有余年。此后，秦便以天下为己有，崤函为宫殿。然而一夫发难，宗庙即毁，皇帝被杀，被天下耻笑，这是什么道理？因为秦不施行仁义，所以才造成守天下与打天下的不同形势。①

《过秦论》相较于《庄子·齐物论》是较为工整的文章。有明确的政治观点，即"施行仁政"。有明晰的论证过程，对秦统一六国前后的做法及秦灭亡的过程进行了分析梳理。贾谊本人是西汉官僚体系中的一员，20多岁被汉文帝召为博士，后又破格提拔为太中大夫。《过秦论》共三篇，影响最大的即上文摘取的上篇，其目的是给汉文帝作为改革的借鉴。"文章笔锋犀利，言辞激切，感情倾诉得淋漓酣畅，铺陈、排比、夸张、渲染等手法的运用，使文势更加纵横驰骋，有战国纵横家的遗风。"②

唐宋时期的文章形式更为多样，内容也更为丰富。韩愈、柳宗元、欧阳修、王安石、苏轼、苏洵等都有流传至今的名篇。需要注意的是，这个时期兴起了古文运动。由韩愈、柳宗元发起，延续到宋代，由欧阳修、苏轼最终完成。他们反对汉以来的骈体，要求恢复秦汉的散文体。在后世看来，"古文运动，不仅是一场单纯改革文体、文风的运动，还是政治性很强的儒学复古运动的组成部分"。③ "他们共同反对骈体文，提倡恢复和发展秦汉散体文的优良传统，不同程度地坚持了文道合一的方向，为确立自由书写、散句单行，接近口语的新型散文——古文作出了贡献。"④

---

① 陈宏天、赵福海、陈复兴主编：《昭明文选译注 第六册》，吉林文史出版社2020年版，第13页。

② 傅璇琮、蒋寅：《中国古代文学通论（先秦两汉卷）第二版》，辽宁人民出版社2016年版，第176页。

③ 王美春：《古今名作品鉴》，九州出版社2019年版，第101页。

④ 王美春：《古今名作品鉴》，九州出版社2019年版，第102页。

例如：苏洵的《六国论》：

六国破灭，非兵不利，战不善，弊在赂秦。赂秦而力亏，破灭之道也。或曰：六国互丧，率赂秦耶？曰：不赂者以赂者丧，盖失强援，不能独完。故曰：弊在赂秦也。

……

呜呼！以赂秦之地封天下之谋臣，以事秦之心礼天下之奇才，并力西向，则吾恐秦人食之不得下咽也。悲夫！有如此之势，而为秦人积威之所劫，日削月割，以趋于亡。为国者无使为积威之所劫哉！

夫六国与秦皆诸侯，其势弱于秦，而犹有可以不赂而胜之之势。苟以天下之大，下而从六国破亡之故事，是又在六国下矣。

译文：

六国的灭亡，并不是因为他们的武器不锋利，也不是仗打得不好，毛病在于拿土地贿赂秦国。拿土地贿赂秦国而亏损了自己的实力，这就是灭亡的原因。有人问："六国接连着灭亡，都是由于割地贿赂秦国吗？"回答说："不贿赂秦国的国家因为有贿赂秦国的国家而灭亡。原因是不贿赂秦国的国家失掉了强有力的援助，不能单独地保全。所以说'毛病在于割地贿赂秦国'啊。"

……

唉！如果六国诸侯用贿赂秦国的土地来封赠天下的谋臣，用侍奉秦国的心意去礼遇天下有才能的志士，合力向西对付秦国，那么我担心秦国人会畏惧得连饭都吃不下去的。可悲啊！有这样好的有利形势，却被秦国积久的威势所胁制，每天割地，每月割地，以至于走向灭亡。治理国家的人不要为积久的威势所胁迫啊！

那六国和秦国都是诸侯之国，六国的势力虽然比秦国弱，可是还有可以不依靠贿赂而能战胜秦国的情势。假若凭着一个统一天下的大国，而向敌人屈服，走上六国灭亡的老路，这就又在六国之下了。①

与贾谊的《过秦论》相比，苏洵的《六国论》在形式上更为简洁明快，不讲究辞藻修饰，内容上立论鲜明，论证有层次感，结论有意蕴。苏洵曾任朝廷秘书省校书郎，掌管校勘典籍，擅长论辩文。他和苏轼、苏辙各写一篇《六国论》，而他的文章有很强的针对性，是在借古鉴今，希望北宋朝廷不要效仿六国，导致灭亡的结果。

---

① 方铭：《中国古代散文选析》，安徽教育出版社2018年版，第217页。

在古代中国，还有一类评论文体，是朝廷官员或士大夫直接向皇帝发表对特定问题的看法见解，以获得认同或政策推行，分为奏、疏、书、表等形态。学者研究认为，这类文章常有浓烈的感情，但必须合乎"礼"的法度。李密的《陈情表》、诸葛亮的《出师表》是这方面的典范。如果感情的抒发失去"礼"的规范就会遭到朝廷贬黜。以韩愈的《谏迎佛骨表》（节选）为例：

孔子曰："敬鬼神而远之。"古之诸侯，行吊于其国，尚令巫祝先以桃茢祓除不祥，然后进吊。今无故取朽秽之物，亲临观之，巫祝不先，桃茢不用，群臣不言其非，御史不举其失，臣实耻之。乞以此骨付之有司，投诸水火，永绝根本，断天下之疑，绝后代之惑。使天下之人，知大圣人之所作为，出于寻常万万也。岂不盛哉！岂不快哉！佛如有灵，能作祸祟，凡有殃咎，宜加臣身，上天鉴临，臣不怨悔。无任感激恳悃之至，谨奉表以闻。臣某诚惶诚恐。

译文：

孔子说："严肃地对待鬼神，但却离他远远的。"古代的诸侯，在他的国家举行祭吊活动，尚且命令巫师首先用桃杖和扫帚举行"祓"礼，以消除不祥，这之后才进行祭吊。现在无缘无故地取来朽烂污秽的东西，陛下亲临观看它，却不先让巫师消除邪气，不用桃杖和扫帚扫除污秽，群臣不说这种做法不对，御史不指出这种做法的错误，我实在感到羞耻。我请求将佛骨交给有关部门，扔进火里水里，永远灭绝，断绝天下人的疑虑，杜绝后代人的迷惑。使天下的人知道圣人的所作所为，远远地超出普通人之上，这岂不是大好事吗？岂不是十分快乐的事吗？佛如果真的灵验，能降下灾祸的话，那么，一切祸殃，都应加在我的身上，老天爷在上面看着，我绝不后悔埋怨。我不胜感激恳切之至，谨奉上这个表章让陛下知闻，我真是诚惶诚恐。①

这篇文章以"表"的形式上奏给当时的唐宪宗。韩愈曾任监察御史、国子博士等职，是朝廷重臣。但他坚信儒家孔孟而反对佛教，因此对唐宪宗迎奉佛骨的事情极为反感，力谏皇帝不要做这样的事情。这篇文章明显能看出言辞激烈，文中不仅有"伤风败俗""口不言先王之法言，身不服先王之法服""不知君臣之义，父子之情"等言辞，还把佛骨说成"朽秽之物"。结尾"诚惶诚恐"，但文中他明确说"臣实耻之"。这些表述直接和皇帝礼佛政策相对，导致韩愈最终被贬为潮

---

① 陈才俊：《唐宋八大家精粹》，宋思佳、许祯注译，海潮出版社2015年版，第38页。

州刺史，且险被处死。不过，回到话语本身，还是能看出它依旧遵循着特定规则，儒家的"君臣"之义始终贯穿其中。"无任感激恳悃之至，谨奉表以闻。臣某诚惶诚恐"，这样的"固定表达"就是"秩序"的体现。可见这篇文章只不过是对国家宗教政策的激烈讨论。后来韩愈在诗文中写过"一封朝奏九重天，夕贬潮阳路八千。欲为圣朝除弊事，岂将衰朽惜残年"。很明显，他还是意在为朝廷尽忠，并没有要打破这种秩序的打算。

（二）19世纪到20世纪前半期的评论话语

有学者认为，19世纪到20世纪初的100年间，"可谓之政论文学称雄的时代""名家多为政论家，名文多为政论文，名论多为政论文学论，名刊多为政论报刊"。[①]文学领域政论的崛起，意味着政治话语开始占据以往文学话语的领地，在某些领域，某些历史时期话语重构开始演变为话语替代。这反映了社会政治秩序、政治生活正在出现巨大变化。

具体来讲，一是清末的专制制度或政治体系开始出现结构性的演变。由于政治统治思想的保守僵化，使得明朝的开放政策逐步收缩，直至脱离与世界的接触。另外，大一统的专制权力在清末的统治力、影响力逐步下降，特别是军事制度弱化，导致政治体系内聚力不足，并出现分化。总的来说，相较于唐宋鼎盛时期的专制制度和政治体系，清末的制度与体系缺乏应对内外变化的能力，使其处在崩溃的边缘。

二是西方经过现代化改造的政治制度体系、政治文化，在航海技术和海外贸易的推动下，辐射范围越来越大，影响力也越来越广。当他们的贸易需求与保守僵化的清帝国政治制度与政策发生冲突的时候，军事暴力的强制性权力开始发挥最终的作用。在这种情况下，清末的专制制度体系加速了解体与崩溃。半殖民地，意味着西方的政治体系及其统治力已经延伸至清帝国的疆域；半封建，意味着清帝国的专制体系已经开始逐步失去对社会的控制。

三是西方现代传播体系的扩展。19世纪，西方的信息传播技术已经取得了长足的发展，报业的发展历经百年，已经从政党报刊发展到大众报刊时期。随着西方贸易体系和政治体系延伸到清帝国疆域，其传播技术和传播体系也渗入其社会

---

① 沈永宝：《政论文学一百年——试论政论文学为新文学之起源》，《复旦学报》2001年第6期。

政治体系当中。当然，最先接触到这些技术和信息的还是传统政治体系当中的官僚。王韬、郑观应、康有为、梁启超、严复等利用报刊发表评论、阐述变革观点，促成了一波又一波改革浪潮。传统专制的政治体系由此开始从内部演化发展，直到20世纪初期，多种思潮汇聚，文章频出，并发展成社会革命，最终导致专制政治体系的崩溃。

19世纪，中国评论就是在上述环境中彼此互为影响，发展演化的。从19世纪初开始，无论从形态还是内容上，都体现了社会政治秩序的变化。典型的评论文章，在学者看来，应是由龚自珍开启的。他出生于官宦之家，在嘉庆道光年间出任内阁中书等职。《明良论》《论私》《平均论》《农宗》《乙丙之际箸议》等都是他的名篇。内容已经涉及西方对清政府的影响和对策。其文风被人评价为"文不中律，便于方言"。曾朴说："龚氏既是'近世思想自由之向导'，又'全力改革文学'，'是今日新文艺的开路先锋'。"① 他自己的评价则是"但开风气不为师"。这里选取他写给林则徐赴任之际的一封信《送钦差大臣侯官林公序》（节选）。文章虽是书信体例，但论辩色彩非常浓厚。

食妖宜绝矣，宜并杜绝呢羽毛之至，杜之则蚕桑之利重，木棉之利重，蚕桑、木棉之利重，则中国实。又凡钟表、玻璃、燕窝之属，悦上都之少年，而夺其所重者，皆至不急物也，宜皆杜之。此一旁义。宜勒限使夷人徙澳门，不许留一夷。留夷馆一所，为互市之栖止。此又一旁义。火器宜讲求，京师火器营，乾隆中攻金川用之，不知施于海便否？广州有巧工能造火器否？胡宗宪《图编》，有可约略仿用者否？宜下君吏议，如带广州兵赴澳门，多带巧匠，以便修整军器。此又一旁义。

译文：

吸食鸦片烟应该禁绝，还应同时杜绝呢绒等商品的输入，杜绝了这些东西，我国蚕桑的收入就会增加，棉花的收入也会增加。蚕桑、棉花的收入增加了，中国就会富足。还有，像钟表、玻璃、燕窝之类的商品，只能取悦京都那些豪门阔少，却夺去了他们的白银，这些都是绝不急需的物品，应该一起杜绝。这是一项参考性的意见。应限期让外国人迁到澳门，不许留下一个。只留一所商馆，作为外国

---

① 沈永宝：《政论文学一百年——试论政论文学为新文学之起源》，《复旦学报》2001年第6期。

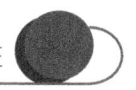

人通商居住的地方。这又是一项参考性的意见。武器应该力求精良,京师的火器营所用的武器乾隆年间攻打金川时使用过,不知道用在海防是否合适?广州有能够制造武器的高明工匠吗?胡宗宪的《图编》有没有一些可以参考采用的地方?这些问题应该交给改正的官吏去讨论。如果带领广州军队去澳门,要多带一些高明的工匠,以便修整武器。这又是一项参考性的意见。

上述节选部分,在形式上,学者认为已经和桐城古文、选学骈文不同,而是经世致用的"今文学",即认为文字是为解决实际问题的,不讲究修饰。内容上主要论述的是如何增加国家的收入,为此提出的解决办法:一是禁绝鸦片;二是让外国人迁居澳门;三是海防。通观整篇文章,中国、国家、行省、关税、开矿、鸦片等都是新的词汇,所提出的应对办法也是较宏观的经济策略。不过,新的词汇是孕育在旧的话语秩序之中的,正如上文所说,是在既定秩序中的话语重构,而不是话语替代。题目、文章开头对双方官职的表述,文章结尾"而后归报我皇上",引用《尚书》"若射之有志"等,都说明了这个特点。当然,综合他的其他文章,能够明显看出他的忧患意识。

龚自珍之后,王韬、郑观应的评论影响也很大。特别是在一些学者看来,王韬等人的评论是报刊评论的起始。在他主持《循环日报》的10年间,该报800篇评论文章,绝大多数出自他手。和龚自珍不同,王韬并没有进入清政府的官僚体系,而是通过西方传教士在上海所办的墨海书馆跨入西方的商业、文化和政治体系。因此,他的评论变化很大,已经从一般的政策讨论进入了"变法"的领域。相同的是,他也反对桐城派拘泥于"义法"的形式主义文风,认为"文章所贵在乎纪事诉情,自抒胸臆,俾人知其命意之所在而一如我怀之所欲吐,斯即佳文,至其工拙,抑末也"。[①] 例如,他的《变法自强》(上):

泰西诸国之入居中土,有公使,有领事,有水师,有陆兵,战舰艨艟不绝于道。而我国之至西土者,落落如晨星,其有折冲乎樽俎、辉煌于敦槃者,未闻有人也。其达彼此之情意,通中外之消息者,则有日报,时或辩论其是非,折衷其曲直;有时彼国朝廷采取舆论,探悉群情,亦即出自日报中。窃以为此亦可从而仿效者也。中外交涉之事,时时可刊之日报中,俾泰西之人秉公持论其间,是岂无所裨益者欤?

---

① 赵则诚:《中国古代文学理论词典》,吉林文史出版社1985年版,第178页。

译文：

西方国家到中国来，有公使、领事、海军、陆军、战舰到处可见。但是我国到西方的人，就像晨星一样少，他们中能在交往中巧妙地处理国际关系，并能取得不错成绩的，还没有听说过。交往中能够使彼此了解相互的情意，沟通中外的消息，有日报这种事情，不时地辩论事情的对错，或达到妥协。有时候，西方国家采纳民意，了解民情，也通过日报。我认为我国可以效仿他们的做法。中外交往的事情，可以不时地刊登在日报上，如果西方的人能够秉持公义发表看法，那么岂不是也有很多好处吗？

王韬的《变法自强》一共三篇，这是节选的其中一篇。可以看出文字简单明了、直截了当，已经较龚自珍更易于理解。他的论题就是"变法"，方法是取士、练兵、学校、律例，并效法日本锐意改革。上文截取的一段是他列举的西方先进的一个方面，即"日报"。他将西方19世纪较现代的政治制度，特别是其中的传播制度介绍到中国，意在推动中国制度的革新。在三篇变法文章中，虽主要使用的还是传统文言，但所表述的西方的制度、技术，还有国际关系等已经是主要内容，且更为系统。整个话语体系及其中的话语秩序已经明显区别于传统的评论文章。

19世纪末20世纪初，最著名的评论家莫过于梁启超。随着西方列强侵略的不断加强，清政府的统治危机也日益加重。光绪帝即位后，为扭转局面，主动地接纳变法人士，推行改革。虽然时间不长，但能够娴熟运用报纸的梁启超等人还是借《万国公报》《时务报》《清议报》《新民丛报》等报刊大力宣传了他们的政治主张。他还"开创了短评、时评等体裁，至今流行的'记者''党报''机关报'等新闻专用名词，都是他在《清议报》最先创用的"[①]。值得注意的是，1907年他还在日本创办了《政论》月刊。这表明评论已经走出一般的文学范畴，成为一种独立的文体，甚至成为一种社会现象或话语形态。由于梁启超本人不仅办报传播改良思想，还任职于清政府、北洋政府的官僚体系，他的评论的实践性色彩很浓厚，影响力更大。

从文体角度来看，学者们称梁启超的文字为"新文体""新民体"。他自己也说，"启超夙不喜桐城派古文；幼年为文，学晚汉魏晋，颇尚矜炼，至是自解放，

---

① 黄勇：《韬奋出版思想研究》，文汇出版社2019年版，第9页。

务为平易畅达，时杂以俚语韵语及外国语，纵笔所至不检束。学者竞效之，号新文体。老辈则痛恨，诋为野狐。然其文条理明晰，笔锋常带情感，对于读者别有一种魔力焉"①。梁启超对语言文字本身也有颇研究，认为明智不开，和我国的言文分离有关。"古人之言即文也，文即言也。自后世语言文字分，始有离言而以文称者。""古人文字与语言合，今人文字与语言离，其利病既缕言之矣。今人出话，皆用今语，而下笔必效古言，故妇孺农氓，无不以读书为难事。"②他认为，"文学之进化有一大关键，即由古语之文学，变为俗语之文学是也"。③学者也认为，梁启超是开启文学革命、语言革命和白话文运动的先驱之一。从这些讨论可以看出，19世纪以来的中国社会之巨变已经深入影响到语言层面。社会秩序与话语秩序相互影响的关系非常明显。当然，在现实中，这种变革还是非常困难的。

以他1915年发表的《异哉所谓国体问题者》为例：

诗曰："民亦劳止，汔可小息。"自辛亥（宣统三年，1911年）八月迄今未盈四年，忽而满洲立宪，忽而五族共和，忽而临时总统，忽而正式总统，忽而制定约法，忽而修改约法，忽而召集国会，忽而解散国会，忽而内阁制，忽而总统制，忽而任期总统，忽而终身总统，忽而以约法暂代宪法，忽而催促制定宪法。大抵一制度之颁行之平均不盈半年，旋即有反对之新制度起而摧翻之，使全国民彷徨迷惑，莫知适从，政府威信，扫地尽矣。今日对内对外之要图，其可以论列者不知凡几。公等欲尽将顺匡救之职，何事不足以自效？何苦无风鼓浪，兴妖作怪，徒淆民视听，而诒国家以无穷之戚也！

译文：

《诗经》里说，百姓已经很辛苦了，应该可以稍作喘息。从辛亥年八月到今天不满四年，一会儿要立宪，一会儿要共和，一会儿有临时总统，一会儿有正式总统，一会儿要制定约法，一会儿要修改约法，一会儿要召集国会，一会儿要解散国会，一会儿内阁制，一会儿总统制，一会儿任期总统，一会儿终身总统，一会儿以约法暂时取代宪法，一会儿又催促制定宪法。大概颁行一项制度平均不足半年，随后反对它的新的制度就推行而推翻之前的制度，这使得国民迷惑不已，无所适从，政府的威信扫地。如今对内对外面临的问题不知道有多少。你们想尽

---

① 燕北闲人：《梁启超妙语录》，新星出版社2011年版，第131页。
② 焦润明：《晚清生活史话》，东北大学出版社2017年版，第3页。
③ 闫妮、夏晓虹：《阅读梁启超 政治与学术》，东方出版社2019年版，第138页。

挽救国家于水火的职责，有什么事情是不可以做的？为什么要无风起浪，破坏捣乱，混淆视听，给国家带来无穷的祸患呢！

梁启超的这篇文章近万字，猛烈地抨击了袁世凯复辟帝制的行为，在当时引起了强烈反响，是护国运动的先声。这里仅节选一部分，一是在形式上大致可以看出梁启超评论的文风和文体特点。正如前文所讲，虽然还是文言，并未过渡到白话，但已经体现出语义通俗、情感充沛的特点。二是在内容上，一方面是论点，即对"国体"的讨论，是西化的表述和思路。另一方面是在具体论述过程和所使用的词汇来看，已经几乎完全脱离中国几千年来帝制的话语体系。立宪、共和、国会、总统、内阁等话语替代了皇帝、臣子、孔孟、礼法等话语。虽然也引用《诗经》等文献，但已不是原则性的论述框架。这反映了中国社会、政治的巨大变化。值得注意的是在这篇文章的开头，梁启超还提到了评论家和评论家的职责，他认为，评论家应恪守的职责是，讨论政体而不能讨论国体，无论观点。这说明在20世纪初期，评论家已成为广义政治体系中的一个专业化的群体，不完全附属于政府，能够较独立地发表自己的观点，推动政治改革或发展进程。

在学者看来，梁启超在19世纪末发起的诗界革命、小说界革命等是近代初期的文学改良运动，而到了1915年，陈独秀、胡适等人发起的文学革命、白话文运动是新的文学革命。前后两个运动，具有高度一致的历史线索。他们都是在社会革命的牵引下发起的深入话语层面的文学革命。至于如何改，胡适在写给陈独秀的信中说："一曰不用典，二曰不用陈套语，三曰不讲对仗，四曰不避俗字、俗语，五曰须讲求文法之结构，六曰不作无病之呻吟，七曰不摹仿古人，语语须有个我在，八曰须言之有物。"[1]他说，前五项属于形式上的革命，后三项属于精神上的革命。对于文学革命，陈独秀和胡适在出发点上是一致的，但后来分道扬镳是因为陈独秀认为不应仅仅将文学革命限定在文学的、学术的范畴，而是认为"政治与学术从来不分，文学改良是社会改造的一环，不可或缺，必须从属于整个社会改造"[2]。

结合胡适和陈独秀的观点可以看出，文学革命在某种程度上首先就是一种话

---

[1] 范桥、夏小飞：《二十世纪中国名人书信集（文情卷）》，中国文联出版公司1998年版，第80页。

[2] 刘大胜：《五四那些思想》，万卷出版公司2019年版，第254页。

语革命,是一种话语秩序的重构,它和社会秩序的重构是一体两面。当然,正如前文所说,这种重构不是一个简单孤立、一蹴而就的过程,其间经历了复杂激烈的斗争,也伴随着自我革命的勇气。正如提倡白话文的《新青年》直到1918年1月15日才完全改为白话文,并使用新式标点。到了1919年社会上至少出现了400种白话报刊。1920年,北洋政府教育部要求小学从当年秋季开始用白话文取代文言文,随后又废除文言文教科书,白话文被定为国语。在政策上,白话终于战胜了文言。一种话语体系终于得到了政策上的认可和确认。从此以后,国人开始大量地接触白话文学和白话评论。这种文体和文学形式因其通俗易懂而传播范围远较文言更广。借助报业的蓬勃发展,新文化运动民主科学的理念,资产阶级自由主义理论,社会主义思想,基于不同理念对现代政治、现代政府的讨论,反对帝国主义侵略、反对国民党反动派统治等评论产生了广泛的影响。

以张季鸾1935年发表在《国闻周报》上的一篇文章《我们有什么面子》为例,可以看到,全文为白话文,平实易懂,将面对日本侵略,各界应有羞耻感的观点一点一点地说出。

近来从心坎里想骂人,但有条件,是从自己骂起。譬如就我们说,自民国以来做新闻记者,这多年在天津做报,朋辈们都说是成功,报纸销得,也受重视,在社会各方庇护之下,何尝不俨然是中国大报之一;但在"九一八"后之中国,清夜自思,事前有何补救?事后有何挽回?到现在四省沉沦,而大报馆还是大报馆,老记者还是老记者,依然照常的做所谓舆论的指导,要用春秋论断,除恬不知耻四字而外,恐怕任何批评皆不适宜。同时再从一方面讲,这样大报,办得稳吗?老记者的铁饭碗,有保持的把握吗?我敢断言:绝对不稳,毫无把握!什么理由,大概用不着讲;总括一句话:国家不稳,什么事业能稳?国家无把握,什么事业能有把握?岂但天津,处处一理,岂但报业,业业皆然。再进一步说,岂但自己维持大报无把握,改行能行吗?迁地有办法吗?逃到乡下不做事,能安全吗?祖宗坟墓,能保得住吗?妻儿老小自己能保护吗?这样推论下去,必然要达到唯一的结论,就是在国家现状下,一切事业,都算无基础,一切生命财产,都是不可靠。北方有句俗话:不能混。国家现状就是这样,中国人不能混了。以四万万人的大国,落到这种不能混的地步;而我们这样,赖国家栽培受过若干教育,仗社会优待,吃过多年饱饭的人,一面束手无策,一面依旧写些一知半解的文字,号称做舆论的工作。不细想则已,细想起来,焉能不羞愧欲死![1]

(三)20世纪中后期以来的评论话语

1949年,中华人民共和国的成立意味着新的政治思想和政治体系逐步形成。1954年颁行的宪法"序言"中这样表述:

中国人民经过一百多年的英勇奋斗,终于在中国共产党领导下,在1949年取得了反对帝国主义、封建主义和官僚资本主义的人民革命的伟大胜利,因而结束了长时期被压迫、被奴役的历史,建立了人民民主专政的中华人民共和国。中华人民共和国的人民民主制度,也就是新民主主义制度,保证我国能够通过和平的道路消灭剥削和贫困,建成繁荣幸福的社会主义社会。[2]

在这段话中,中国共产党领导——人民民主专政——社会主义社会,构成了一个话语秩序,也代表着一种政治秩序。它和帝国主义、封建主义、官僚资本主义构成的旧的政治秩序相对,是在"推翻"旧秩序的基础上建立的新秩序。在实践中,新秩序的建立是一个漫长的,甚至是反复出现的过程。什么是社会主义,如何建设社会主义,如何实现马克思主义中国化,既是一个实践命题,也是一个理论命题和话语建设与创新的问题。因此,新中国的政治与评论具有以下特点。

第一,具有较明显的阶段性。当前在相关的党史研究中,通常把自新中国以来的党和国家的发展分为三个阶段:一是1949年到1980年初,也就是改革开放之前,这段时间被称为"社会主义革命和建设时期",完成了广泛而深刻的社会变革,但也经历了严重挫折,特别是"文化大革命""教训极其惨痛"[3];二是1980年到2012年,也就是党的十八大之前这段时间,被称为"改革开放和社会主义现代化建设时期",这个时期的重要特点就是改革开放和经济建设与实力的历史性突破,其中,改革开放被认为是"决定当代中国前途命运的关键一招";三是2012年至今,称为"中国特色社会主义进入新时代",这个时期的重要特点有确定"新时代"是我国发展新的历史方位,确定习近平新时代中国特色社会主义思

---

[1] 楼泸光、来克让:《中国杂文鉴赏辞典》,山西人民出版社1991年版,第553页。
[2] 徐辰:《宪制道路与中国命运——中国近代宪法文献选编(1840-1949)下》,中央编译出版社2017年版,第463页。
[3] 新华社:《中共中央关于党的百年奋斗重大成就和历史经验的决议(全文)》(https://www.gov.cn/xinwen/2021-11/16/content_5651269.htm)。

想是当代的中国马克思主义,实现了马克思主义中国化新的飞跃,实现全面建成小康社会,历史性地解决了绝对贫困问题及其他重大社会和经济建设成就。从中国政治发展的三个历史阶段特征可以看出,基于马克思主义、列宁主义和俄国经验去建设符合中国实际的社会主义国家,一定会遭遇诸多困难。各个时期的评论也会典型地反映出各个阶段的特点,甚至存在激烈的斗争。特别是自改革开放以后,随着市场经济成为资源分配的主要手段,且不断广泛深入地融入世界经济体系,社会主义的思想文化开始不断地与西方沟通交流碰撞,其中,对什么是现代政治,共同追求的政治价值是否有统一的实现路径的探讨势必带来更多的议论。

第二,具有很大的开放性。清末政治的保守和封闭,使长期领先世界的中国在百年时间里,在遭遇西方入侵的时候迅速崩塌,致使国家四分五裂、民不聊生。共产党领导成立新中国的一大贡献即结束了国家的分裂,可以独立自主地屹立于世界。不过,在二战后,基于美苏争霸与两种意识形态的对立与斗争形成的世界格局,我国在主客观因素的影响下,很快又陷入了较封闭的发展模式,经济和人民的生活遭遇了前所未有的困境。正如上文所述,改革与开放是党和国家在特定历史阶段的关键政策举措。它虽然在特定历史时期引起了一定的社会波动,但经过40多年的发展,证明了这种政策给国家和人民带来的好处远远多于它的弊端。具体来讲,这种开放性具有以下特点:一是原则性,包括政治上坚持中国共产党的领导、坚持四项基本原则,经济上坚持公有制为主体,文化上坚持社会主义价值和中国优秀传统文化观等。二是有序性,根据党和国家的战略布局规划,不同的发展阶段有不同的开放政策以及开放领域。三是包容性,在坚持原则性的前提下,中国政治通过各种沟通交流方式,广泛地吸纳包括西方世界在内的人类文明成果,推进政治改革和政治现代化。例如,近年来推进的国家治理现代化战略和政策,就是将西方的"治理"理论和中国实际相结合而产生的。在开放的政策下,我国的评论有了长足的发展,也形成了鲜明的中国特色。一方面,因为我国的传媒体系基本是纳入政治体系之中的,所以有关党和国家重大战略决策和政策的讨论,通常是在中央的主导下,首先由中央媒体发起讨论,然后由各级党媒转载或参与讨论。另一方面,传媒体系在经营方面也遵循经济体系的运行规则,因此对于一般的政策讨论,各级各类媒体均可以参与讨论,特别是自互联网兴起以来,评论主体不断多元化,并直接推动政策的改进。

第三，视听化与口语化。改革开放使我国的信息传播体系也开始快速地升级换代，且不断地和各国的传播体系融合贯通。美国在20世纪50年代进入电视时代，而中国在开放后的80年代，广播电视业也迎来大发展。电视逐渐取代其他媒体，成为人们获取信息的主要手段。据统计，全国电视的人口覆盖率在1982年是57%，1997年上升到87%，2005年则达到95%。20世纪80年代，据北京市场的调查显示，北京受众通过不同媒介获取新闻的比例，在1984年，报纸占40%，广播占29%，电视占25%，但仅在两年之后，报纸占22%，广播占10%，电视占65%。[1] 20世纪末，互联网开始高速发展并进入普通家庭。2014年，媒体融合成为业界趋势。电视、广播、报纸等传统媒介开始在技术上实现融合，移动互联网和社交媒体成为人们的首选。不过，作为一个行业，以文字为主的报纸走向了衰落。截至2021年6月，网络视频的网民使用率高达94%，仅次于即时通信的99%，位列第二。值得注意的是，网络新闻的使用率仅为75%。短短的40年，我国的信息传播实现了视听化的演变。传统的以报纸文字评论为主的时代，也由此转向以视听评论为主的时代。1979年，中央电视台《新闻联播》播出纪实性批评报道《王府井停车场见闻》，引发观众的强烈反响而再次重播，在我国电视史上被认为极为罕见。紧接着1980年，第一个评论性电视栏目《观察与思考》开播，1994年《焦点访谈》开播，都以直观的视听画面实现了评论与监督的双重功能，较之于文字评论明显更受欢迎。与此同时，在多重社会因素的共同作用下，被学界定位为一种家庭媒体的电视，画面逐步生活化，话语也逐步生活化、口语化。时任中央电视台新闻中心主任孙玉胜在他的《十年——从改变电视的语态开始》一书中提出了"语态"这一概念，即"要降低电视媒体讲话的口气，尝试一种新的语态，也就是新的叙述方式。对于电视而言，新的叙述方式不仅仅是指电视节目解说词的写作文风，更重要的是如何用特有的语言吸引观众，而这些改变首先要从转变语态开始"[2]。

以下简要列举这一时期的几种评论。第一则是1960年《人民日报》的元旦社论《展望六十年代》（节选）。

中国的革命和建设的胜利，是以苏联为首的社会主义阵营在世界上的最伟大

---

[1] 黄匡宇：《理论电视新闻学》，中山大学出版社1996年版，第21页。
[2] 孙玉胜：《十年——从改变电视的语态开始》，生活·读书·新知三联书店2004年版，第48页。

胜利之一，是马克思列宁主义在历史上的最伟大胜利之一。中国的社会主义事业，在一切基本原则方面，严格地遵循着马克思列宁主义的普遍真理，忠实地继承着和发展着十月革命的光荣事业。同时，在许多具体步骤和形式方面，它又带有自己的民族的和国家的历史特点。这是必然的和当然的。共产党和工人党的莫斯科会议宣言说："马克思列宁主义要求根据每个国家的具体历史条件，创造性地运用社会主义革命和社会主义建设的共同原则，不允许机械地抄袭他国共产党的政策和策略。列宁曾经多次告诫，必须使共产主义的基本原则正确地适应于民族的和民族国家的特殊情况。一个无产阶级政党如果忽视了民族特点，就必然会脱离生活，脱离群众，就必然会使社会主义事业遭受损失。"在中国这样一个拥有占人类四分之一人口的大国，在革命和建设中运用马克思列宁主义的时候，如果没有自己的特点，那就更加不可想象了。中国共产党人和全国人民，在过去十年的前一个阶段中，首先致力于按照中国的条件，实现全国范围的民主改革和社会主义改造；直到这两个任务顺利完成以后，才把注意力集中到在中国的条件下发展社会主义建设这样一个新的任务上。在后一个任务方面，党和人民在毛泽东同志的领导之下，根据最近时期的经验，找到了三个法宝，这就是：建设社会主义的总路线，大跃进的发展速度和人民公社的组织形式。

第二则是2021年元旦社论《乘势而上开启新的伟大征程》（节选）。

刚刚过去的2020年，世纪疫情和百年变局交织，严峻挑战和重大困难并存，在新中国历史上、中华民族历史上、人类历史上都极不寻常。在泰山压顶的危难时刻，以习近平同志为核心的党中央高瞻远瞩、审时度势，团结带领全党全国各族人民迎难而上、攻坚克难，在这极不寻常的年份创造了极不寻常的辉煌，交出了一份人民满意、世界瞩目、可以载入史册的答卷，广大党员干部斗争本领得到锤炼，全国各族人民精神面貌更加奋发昂扬！

这一年，我们坚持人民至上、生命至上，进行一场惊心动魄的抗疫大战，经受一场艰苦卓绝的历史大考，取得抗疫斗争重大战略成果，创造了人类同疾病斗争史上又一个英勇壮举。

这一年，我们统筹疫情防控和经济社会发展，率先控制疫情，率先复工复产，率先实现经济增长由负转正，成为全球唯一实现经济正增长的主要经济体，显示出强大抗风险能力、顽强韧性和显著制度优势。

这一年,我们以不获全胜决不收兵的劲头,一鼓作气,决战决胜,如期完成新时代脱贫攻坚目标任务,现行标准下农村贫困人口全部脱贫,贫困县全部摘帽,历史性解决困扰中华民族几千年的绝对贫困问题,创造了人类减贫史上的奇迹。

经过艰苦努力,"十三五"规划圆满收官,我国经济实力、科技实力、综合国力和人民生活水平又跃上新的大台阶,全面建成小康社会胜利在望,中华民族伟大复兴向前迈出了新的一大步,社会主义中国以更加雄伟的身姿屹立于世界东方。

这两篇社论相隔60年,可以看出非常明显的变化。首先,形式上,已经全部是白话文,在语态上,虽然都是元旦社论,有较强烈的感情色彩,但前者出现的主语是"党和人民",后者则是"我们"。第一人称发生变化,不仅是更生活化、口语化的表述,还是编辑主导思维变化的重要表征。其次,内容上,"社会主义"的核心词汇保持不变,但前者的阶段任务是民主改革、社会主义改造和建设,包括总路线、"大跃进"和人民公社。后者的阶段性任务是全面建成小康社会、中华民族伟大复兴,还有具体的抗疫、复工复产、脱贫等工作。前者有"阵营"这样的意识形态历史背景,后者则是"疫情和百年变局"。总体上,前者的表述更为宏大,后者是宏大和具体的结合。最后,社论话语秩序的变化是社会政治秩序变化的体现,但属于话语重构,而不是19世纪末到20世纪初的话语替代。

评论的视听化转向首先表现在电视领域。相较于文字评论,电视评论在制作上更为复杂,已经是工业化的一种生产方式。另外,还需要兼顾议论的抽象性和视听的具象性特点。以1994年4月《焦点访谈》的一期节目为例。它的题目是《丧钟为谁而鸣——南非首次非种族大选在即》。节目全长13分钟,涉及众多环节,比如,要联系中国和南非在对方国家的外交机构和负责人,准备采访资料、提纲,录制采访过程,还需要录制串场词、解说词,还要考虑声音、语调,甚至姿态,还有画面剪切等因素。文本包括以下两个内容:一是文字语言,二是画面语言。据当时的主持人、记者水均益的回忆,开场做了这样的安排:

为此,我们把一开始设计的那段开场白做了修改,在后面加了一句:"对于我们中国人来讲,南非一直是一个陌生的国度。不用去说南非的黄金以及钻石的储量占世界的多少,我们还是先请您看一组南非的镜头……"说着,我转过身去,镜头从我的肩后迅速推到了大屏幕上:音乐声中,山鹰在翱翔,越过高山大海,飞临乡村城市,旋即向下急速俯冲进一处饭店的大厅。

按照我们的设计，技术人员在这里巧妙地将画面叠出大屏幕，使它还原成了清晰的图像。这段画面一共一分多钟，在即将结束前，画面又叠回到大屏幕。

然后，我转回身来，再次面对镜头："南非的确很美。然而就是这样一个美丽富饶的国家，在过去的300多年里却经历了一段种族歧视的黑暗年代。仅仅是由于肤色不同，黑人不能与白人同上一个公共厕所；更有甚者，黑人要想外出，必须携带长达92页、附有各种各样证件的通行证。这种歧视不能不说是我们人类的耻辱。所幸的是，从今天开始算起，再过整整20天，南非将消灭种族隔离制度。"①

结尾是南非外交机构负责人邵磊思的话：

我想从某种意义上讲，我们南非在过去的年代里就像我们的国花一样，经历过一段漫长的黑夜。有趣的是，国花到了夜里就会合起来，但到了白天，它就会迎着太阳开放，向人展示它的美丽。也就是说，现在我们的白天已经到来了……

从这则电视评论的内容来看，它是以关注南非即将结束的种族隔离制度为主题，论述的过程既有逻辑性，也有形象性。但总体上是以声画逻辑为组织线条的。比如，开头的画面、对画面的解读，还有结尾外交人员话语中"国花""黑夜""白天""太阳""美丽"等词汇，都极富画面感和感染力。论证过程基本是以对外交人员的采访串联完成。由声语言和画面构成完整的文本内容。因此，抽离画面，将使文字支离破碎。反之亦然。当然，这并不影响一种话语秩序或框架的存在。单纯从标题文字来看，这是一种以特定政治价值为内核的现代政治秩序的表述。以一种文学性的语言进行渲染，意味着这种秩序的世俗化与生活化。特别是在当下的中国，意义更为深远。

移动互联网、社交媒体的发展使得评论的视听化在形式和内容上又有了新的变化。比如，中央电视台在2019年上线了竖屏短视频节目《主播说联播》，从《新闻联播》中播发的新闻切入，结合当天的重大事件和热点新闻，由当天一位值班主播用年轻人喜爱的网络语言讲新闻、评热点、观天下，解读大政方针，传递主流声音。该节目登陆微博、B站、抖音、快手等平台。视频在当天《新闻联播》播放结束之后进行录制，然后迅速进行剪辑制作并配以音乐，以竖屏方式播发。

---

① 水均益：《前沿故事》，长江文艺出版社2015年版，第33页。

这是一款脱胎于《新闻联播》、为新媒体平台量身打造的短视频产品。①

以2021年7月22日节目为例。它的文字内容只有不到400字，时长1分10秒。

主播说连播，今天我来说。

今天连播报道了中央出台的一份《意见》（《中共中央 国务院关于新时代推动中部地区高质量发展的意见》），内容是推动中部地区高质量发展。这里说的中部地区指的是山西、河南、安徽、江西、湖北、湖南这六个省份。

应该说，中部地区的整体发展水平在全国基本上处于中游，有的指标甚至还不到全国平均水平。比如，研发投入占GDP的比重，这个指标对于一个地方的创新发展来说意义重大。而《意见》明确要求，中部地区到2025年要达到全国平均水平。

在协调发展方面，《意见》提出，中部地区要推进城市品质提升，增强城市防洪排涝功能，推动省界交际地区的协同发展。

而在改善民生方面，《意见》特别提到，由于受到新冠疫情的影响，中部地区特别是湖北省，要作出更大的努力。

所以中部地区的发展空间很大，但同时也有很多短板需要补齐。这份《意见》，为中部地区的发展作出了顶层设计。蓝图绘好了，中部地区要做的就是加快崛起，力争上游。②

这期节目由央视主持人宝晓峰播出。节目背景和《新闻联播》一致，以蓝色调为主。主持人也身着蓝色正装，语态、语调、手势相较于《新闻联播》显得更为轻松、自然。从所述内容来看，主要是论述中央出台的有关中部地区高质量发展的《意见》，涉及三个层次：一是中部发展面临的问题，二是意见的主要内容，三是意见的意义。和长评论相比，短评论由于篇幅所限，无法展开论述。因此，它传播的是论点，而不是论证过程。而画面和主持人的非语言符号所起的作用是强化论点和传播的感染力。整体的话语秩序简洁明了，意味着国家政策的指向性更为明确。

---

① 中国记协网：《主播说联播》（http://www.zgjx.cn/2020-06/29/c_139174074.htm）。
② 哔哩哔哩视频网站：《主播说联播》（https://www.bilibili.com/read/cv12282249/?from=readlist）。

第三节 评论话语的建构

如前文所述,现代意义上的评论是和大众媒体的产生与发展相关的。在此之前的评论基本归类在文学范畴。这类文体最大的特点是夹叙夹议,甚或以叙为主,议论是有感而发,不太注重论证的过程。而现代的评论,一方面评论的问题意识、指向性更为明确;另一方面是论证的过程更为专业,讲究逻辑性。

为什么会有这种差别?在本书看来,一是要考虑上文所说的社会政治实践的演化发展,二是要细分话语建构的主体、体系构成和功能等原因。

一、话语主体

评论话语的主体包括两个范畴:一是建构话语的主体,即评论的生产者或作者是谁;二是话语建构的主体,即评论主要反映的对象。

(一)传统专制社会评论的主体

专制社会是皇权主导的社会,即使在分封制或诸侯割据的条件下,皇权和专制依旧贯穿在社会管理的全过程。在高度统一的政治体系中,信息和话语的流动也比较单一。评论作为一种特殊的政治信息,因为是对当时政治统治的议论、批判,因此很容易遭到统治者的强烈反弹和遏制、扼杀。比如,上文提到的韩愈。因此,在专制社会,要发表评论,通常需要满足以下五个条件:一是有知识基础,掌握书写的文字技巧和能力;二是身处官僚体系,或能接近官僚体系;三是要有批判的精神;四是被统治者或后世的统治者接纳;五是有较宽松或宽容的政治环境。最后两点看起来比较矛盾,但从修史的角度看,如果没有后两个条件,恐怕那些著名的评论不会流传至今。

基于这些判断,传统社会的评论主体大致可以简单地归为一类或两类人:一是官僚,二是介于官僚和普通百姓之间的文人。他们书写评论所反映的主体是皇帝和皇帝的"治道",还有以此为中心的君臣关系、君民关系等。

(二)现代社会评论的主体

相较于传统专制社会,现代社会是在技术和市场因素下不断分化的社会。这种分化，一是在权力层面，打破了皇权专制或教权专制，权力得以在其他层面获得分享；二是在机构层面，过去单一的政治体系变得更为复杂，应对社会变化的相关机构逐步建立起来。比如，英国专制社会末期，为了应对现代报业的发展而组建的星室法庭等；三是在社会层面，新的社会机构涌现出来，比如，专职于信息传播的报业等机构；四是在个人层面，脱离了旧的关系的束缚，主动或被动地进入新的职业领域。

在现代社会发展条件下，评论的主体发生了以下变化。

其一，在建构话语的主体方面从单一的官僚体系拓展到广阔的社会层面。主体包括：

1. 政府工作人员，包括各级官员、政策研究机构人员。他们是掌握和产生政治信息、影响政治信息流动的核心人群。为了实现特定的政治目的，他们依旧是评论的主体。

2. 媒体人员，包括记者、编辑、评论员等，特别是政治评论员。他们是专业的信息传播组织，评论本身就是他们的工作职责。

3. 大学或相关学术机构的工作人员，包括相关专业、智库的学者等。

4. 关心政治的普通民众，他们具备一定的政治常识、知识，或有特定的政治目的和需求，可以通过特定的媒介发表观点。

所有主体在现代传播体系中都要通过大众媒体进行评论的生产和传播，因此媒体是评论生产和传播的中介，评论需要符合媒体的规则，特别是话语规则。在这种情况下，现代评论的话语主体，也可以说主要是由媒体人员承担的。当然，各个国家由于媒体制度的不同，媒体人员的身份也有所不同。在我国，媒体具有鲜明的政治属性，在政治体系中具有特定的政治功能。因此，媒体人也具有双重属性，即媒体属性和政治属性。在特定情况下，政治属性高于媒体属性。这样一来，媒体人主体可理解为是政府主体。

其二，话语建构的主体方面也由君臣、君民二元主体，拓展为更为多元的主体结构。具体来讲，现代评论话语所展现的主体有：

1. 党和国家领导人。在西方国家，总统制国家的总统，内阁制的首相、总理等，是评论的典型主体。在我国，党和国家最高领导人是政治话语的核心主体。

2. 各级政府组织官员。政府官员是国家政策的执行者，负责解决具体的公共事务，直接面对公众，因此是评论的普遍性对象。

3. 大型企业、跨国企业的负责人。当企业的规模达到一定程度，特别是涉及全国范围，或者具有国际性的营销网络，它就具有了和政府类似的组织架构和功能，也具有了和政府类似的公共性和影响力。因此，这些企业的负责人就成为评论的重要主体。

4. 具有重要影响的各界人士。除了企业界人士，学界、文化界等人士因其个人的影响力而可能对国家的政策产生重要影响。所以，他们也是评论所关注的对象。

5. 普通群众。既可以表现为个体，也可以表现为群体。无论是在传统评论还是现代评论中，群众都是评论的绝对主体。但区别是，传统评论更多地将群众作为一个群体，且和统治者并不是一个平等关系。而在现代评论中，既注重群体的普遍性特征，也注重群体的个性化特征。且在评论中，是和其他主体放在一个平等的关系中考虑的。正如前文中《人民日报》元旦社论多次出现"我们"这样的表述，即这个特点。

二、话语建构体系

评论在文本层面构成一种话语系统，而这种系统的生成还处在一个更大的、层级的社会系统当中。按照信息传播的环节构成，它可以划分为传媒体系、传播体系、话语体系、受众体系和反馈体系。这几个环节前后相接，循环往复。同时，还要考虑物质生产与精神生产之间的关系，也就是马克思主义理论中经济基础和上层建筑之间的关系，而在现代社会中，技术的因素需要格外注意。以下将简要进行分类描述。

（一）生产者——传媒体系

现代评论产生于现代传媒体系。现代传媒体系的特征表现为先进的信息生产技术、专业的信息生产机构、专业的信息生产人员、高效的信息传播能力、广泛的信息覆盖范围等。其中，技术是核心要素和驱动力。技术决定了信息的生产效率和传播范围。历史上，正是印刷技术的出现才推动了现代传媒业的产生。当下，最快的传播速度和最具黏性的传播方式和范围是传媒业制胜的关键。技术之上，内容是关键。专业机构和专业人员构成内容的核心竞争力。例如，在媒体融合时代，打破传统的部门分工格局，建立"中央厨房"式的新的信息生产机构，同时注重具备相应技术知识、技术能力的专业人才的使用，并和专业内容生产者高度整合，通常能够产生高质量的信息内容。近年来，中央电视台、湖南卫视等传统媒体一方面打造自己的新媒体平台、组建新的传播机构；另一方面将专业人员和专业内容进行升级改造包装，产生了良好的传播效果。

（二）传播者——传播体系

评论的传播依赖于现代的信息传播体系，它既属于传媒体系的一部分，也有自己独立的技术和机构特征。同时，在社会层面，是分化与整合并存的发展态势。

首先，从传播效率来看，从微波传输到光纤传输，信息传播的速度更快、范围更广、损耗和干扰更少了。

其次，从传播的质量来看，基于数字化技术，一方面，频率资源已经破除了稀缺的局限；另一方面，图像和声音的清晰度越来越高。

最后，从传播的效果来看，基于数据统计和分析的人工智能、算法技术的不断发展使用，传统的信息传播精准度更高、针对性更强，体现了定制性的特征。

另外，当前的传播体系，一方面还有一对多、点对面的传统的大众传播特征；另一方面，还有基于移动互联网和社交媒体的点对点的、社交化的传播特征。

现代传播体系和传媒体系高度融合，传播者既可以根据内容选择传播手段，也可以根据传播手段选择内容。在新媒体领域，掌握技术就掌握了信息传播的主动权。但传统媒体并没有因此完全丧失优势。它们掌握的内容资源、政策优势、人们的阅读习惯等，依然在现代社会有一定的市场。

（三）建构内容——内容体系

在内容方面，评论以多种形态呈现。

1. 按照符号类型可以划分为文字评论和视听评论

（1）文字评论，主要是以印刷媒体为载体，历史最为悠久、影响最为深远。更适于抽象的、逻辑的、理论的内容表述，可以理解为人类理性的体现。

（2）视听评论，以图像+声音，或声音为符号的评论是当前传播和接受范围最广的评论形态，但无法充分表达评论的思维逻辑。因此，往往转载文字评论，或部分承袭文字评论的论证方法，但目前影响更多地限于认知层面或情感层面。

2. 按照传播介质类型可以划分为报纸评论、电视评论、广播评论和网络争论

（1）报纸评论，包括杂志等印刷平面媒体的评论。作为一种介质，纸质媒体衰落已是不争的事实，但目前还难以判断是否会消亡。在特定范围内，它还发挥着重要作用。比如，教育领域、特定组织内传播等。

（2）电视评论，由于视听传播更符合人们的日常信息接受习惯，更直观生动，不需要知识基础，所以影响广泛。但近年来由于互联网的快速发展，传统电视受众也逐渐萎缩，电视评论影响逐步下降。

（3）广播评论，与电视评论类似，它的传播方式易于接受，且方便接触。转载文字评论和自制两种方式都有。但也受互联网的影响，传播效果不如从前。

（4）网络评论，分为两种形式：一是传统的传媒机构通过网络发表的评论，二是普通网民通过网络发表的评论。前一种依旧是主体，后一种虽然在"量"上有优势，在特定情况下会发挥重大作用，但总体上还受传统评论的支配。

具体的评论形态按介质可以细分为多种类型。比如，报纸评论，可以细分为社论、专论、短评等。电视评论，既可以转发文字评论，通过文字形态表达；还可以是政论片、评论节目等。广播评论和电视评论的细分形态类似。网络评论则集合了以上所有形态。

（四）接受者——受众体系

由于现代评论的生产体系、传播体系、内容体系不断分化并复杂化，受众群体也在分化。

在传统专制社会，评论的生产者和接受者基本都处在政治体系内部，因此受众群体比较单一。现代社会，评论通过大众媒介开始进入普通人的生活工作领域，使得受众在"量"上极速膨胀。在此前提下，受众也出现细分情况。比如，文字评论或报纸、平面媒体评论的受众群体限于有识字能力、知识基础、特定需求的人群。当前，受到纸质媒体萎缩的影响，这个群体大部分转移至网络环境，但也有一部分坚守在文字领域。电视评论、广播评论受众群体广泛，但相较于前一个群体，知识化、专业化特征较弱。网络评论的受众群体在广义上覆盖所有人群，但在狭义上和传统受众群体较为一致。评论在现代社会越来越专业、越来越具体，

同时随着政治的现代化程度、国家治理水平越来越高，人们的政治需求转化为特定问题的讨论。评论的受众群体总体上是减少的。在网络环境中，通常是特定的问题会激发一定时间内评论的吸引力和影响力，随后又销声匿迹。人们的情感性、情绪性的表达比较常见，理性的讨论仅限在特定范围。

（五）再循环——反馈体系

评论到达受众并不是评论的结束，而是评论可能再次发起的起点。这可以理解为一种反馈机制或反馈体系。

在传统专制社会，评论很少到达百姓群体，而是上达皇帝或特定的官僚结构，基本是在政治体系内传播、反馈。在现代社会，评论反馈的渠道由少到多、由慢到快。报纸、电视、广播等传统媒体，既是评论的生产和传播者，也是评论的反馈渠道。但由于这些传播机构的技术特点、组织形态、生产模式，使得反馈的效率和效果不理想。而在互联网时代，评论的反馈机制更为便利和多样化。受众可以通过网络发表言论，媒体也重视收集这些信息。另外，由于政府上网，政务活动的网络化，受众可以直接向政府反馈信息，使得评论或反馈不必经过媒体就能发挥作用。

以上五个环节既有独立的体系和功能，也彼此融通，共同构成评论的传播系统。值得注意的是，在互联网环境下，评论的传播具有了新的特征。主体和渠道更多，但效果与传统评论相比不在一个层面。评论由媒介信息转化为一种政策改革的速率更快，导致评论的政策化特征更为明显。

三、评论话语的功能

在社会学或社会系统论的视野中，一定的社会结构有一定的社会功能，同样，一定的社会功能对应一定的社会结构。社会的演化发展，就是结构不断分化、功能不断丰富以满足社会需求的过程。评论是社会系统或政治系统的分化结果，在话语层面意味着更多的词汇、更多的语句、更多的语法被创造出来描绘社会政治现象，讨论社会政治问题。在传统专制社会，由于评论更多出自官僚体系，因此评论话语的主要功能还在于维护这种统治秩序。现代社会，传媒业在技术促动下开始脱离传统政治的统治，新兴政治力量随之登上历史舞台。评论成为革命的先导、舆论的风向，甚至斗争的战场。新旧话语混杂其中，直至新的话语体系确立起来。当现代国家及其社会政治体系形成，传媒业及其评论随即与政治体系一起进入新的社会体系中。一方面，由于政治体系的权力属性、公共性，以及强大的影响力，媒体和评论通常依附于政治体系，支持政治体系的正常运行。但另一方面，媒体也会因其技术属性和经济属性而部分脱离政治的影响，发挥自身的作用。比如，技术和市场会释放民间的动力，更多元、更丰富、更复杂的话语会出现在社会中，需要分化出更多的机构去理解、消化、稀释、吸纳这些话语及其背后的复杂社会力量和秩序，给政治体系的运行造成越来越大的压力。

用政治学的术语去梳理上述表达，评论的功能在于监督、批判，使政治更民主、更公平、更体现正义性。而回到话语本身，评论的作用还在于明确政治的边界。现代社会与传统社会的明显区别是，社会组织之间的明确的界限。当界限不清时，秩序会发生混乱。而话语是秩序的体现，当话语秩序出现混乱，即上文所说的，在特定时间内，新旧话语同时存在、新旧语法造成理解困难，均可以理解为是新旧社会秩序的转换时期。当话语的指向明确，话语传播不至于引起人们理解和思想的混乱，便意味着政治秩序和社会秩序的明晰。因而，政治管理者或话语的建构者必须特别注意话语建构时对特定话语的选择，同时受众也可据此判断政治的某种状况。

第二章 评论的视觉化

评论的视觉化，是指自 19 世纪末 20 世纪初以来，伴随着光电技术、电子技术的发展，评论从文字形态发展到视听形态，即电视评论成为和文字评论并列的主要评论类型，并延伸至互联网环境，实现多样化的跨屏传播。

第一节 电视时代及其演化

虽然早在 19 世纪末期，电影就以视听化的信息传播方式震撼问世。但进入 20 世纪，电视技术用了近半个世纪的时间，在二战后迅速地超过了电影的影响和受众规模。在学者看来，电影是一种艺术，电视是一种生活方式。前者追求审美，后者追求娱乐。但它们的共通之处是将信息诉之于视觉，用直观的、生动的影像和声音描述和反映现实。评论从抽象走向具象，给人的视觉带来了直接冲击，使人印象深刻。"无论我们喜欢与否，我们都身处一个以视觉为中心的社会中。眼见为实是具有支配作用的思维逻辑和生活习惯。图像善于说服，在电视中，图像更为生动，其传播也更加快捷简便，是当代社会主要的传播介质。"[1]

一、电视的影像机制

电视首先应被理解成一种技术。回溯历史，1873 年，英国科学家约瑟夫·梅发现硒元素的光电特性，为此后电视技术的发明奠定了基础。1883 年，德国电气工程师尼普柯夫发明了"尼普柯夫圆盘"，使用机械扫描方法，做了首次发射图像的实验。20 世纪 20 年代，美籍俄国人兹沃雷金和美国人法恩斯沃斯发明电子扫描式显像管，这是近代电视摄像技术的先驱。至于他们谁是电视之父，目前还争论纷纭。1936 年 11 月 2 日，位于英国市郊的亚历山大宫的英国广播公司电视

---

[1] 刘涛：《影像时代的审美》，中国社会科学出版社 2018 年版，第 26 页。

台开始正式播出。这是世界上第一座正式开播的电视台,这一天也被作为电视事业的开端。①

相对于纸媒,电视的传播机制较为复杂。一方面是电视内容的制作、传播、接收都需要机械设备的参与;另一方面,它所传递的声音、画面也涉及比较复杂的视听觉机制。

"在电视艺术诸表现元素中,画面是第一位、最基本的。作为一部完整意义上的电视片,全片可以没有音乐、音响、文字和语言,甚至无色彩,但却一时一刻不能没有画面。正像绘画不能没有线条和色彩,音乐不能没有音符和旋律,电视节目离开了画面也就不复存在了。"② 当然,电视画面与一般的绘画作品和其他平面的艺术作品不一样,它是一种光电的转换、电子和机械的运行过程。通过研究,人们了解到,人对电视画面的接收涉及视觉暂留原理、似动现象、心理完型与补偿机制。

所谓视觉暂留机制,是指静止画面在一定速率运动起来以后呈现出运动状态,这是因为光线进入视网膜形成影像后并不会因光线消失而消失,而是会停留在视网膜上 0.1~0.4 秒。利用这个原理,只要在该段时间内两个画面能迅速衔接,那么就会呈现运动的像。所谓似动现象,指的是两个间隔一定距离的刺激物,在一定的时间内相继呈现,观察者就会有该物体从一点到另一点进行移动的感觉。"视觉暂留原理解决了画格与画格之间的黑画面,从而能够实现连续不断的影像,似动现象能够使静止的画面产生运动的幻象,把一系列静态的视觉形象看成是单一的连续运动。"③ 心理完型与补偿机制,指的是人们在观影过程中出现的画面与画面之间的断裂感,其中不完整的物象,人们会根据日常生活的经验自觉地修补和补充完整。在学者看来,"视听媒介的物质特性使观者感受到影像的逼真性,视听媒介的主观特性让影像有了真实的幻觉,依赖于视听媒介的视听语言必然脱离不了真实性与假定性相统一的属性"。④ 在影像制作过程中,蒙太奇思维和技法的运用,更是增强了主观性色彩和虚假性的可能。

蒙太奇是法语音译,有"构成"和"装配"的意思。作为一种术语,它通常

---

① 李白萍、李荣、薛颖轶:《数字电视原理》,西安电子科技大学出版社 2016 年版,第 1 页。
② 任金州:《电视摄像造型(第 2 版)》,中国广播影视出版社 2016 年版,第 5 页。
③ 邵奇:《视听语言》,上海交通大学出版社 2016 年版,第 4 页。
④ 邵奇:《视听语言》,上海交通大学出版社 2016 年版,第 4 页。

在电影研究或电影创作中较多出现。但同样作为一种视听化的传播手段，蒙太奇也在电视传播中大量使用，或本身就是它的一种影像机制。简单来说，就是制作者将拍摄的画面或音响、色彩等要素，按照一定的主题、构思等进行重新组合。学者们按照蒙太奇的不同功能，将它分为三个类别：一是叙事蒙太奇，即按照事情的发展顺序和走向进行编排组合，包括连续、平行、交叉、颠倒、积累、重复等方式；二是表现蒙太奇，即强调艺术感染力和人的情绪变化的编排和组合，包括对比、隐喻、象征、抒情、心理等方式；三是内部蒙太奇，即通过镜头、人物的调度，带动景致变化的编排和组合。

有学者还将注重画面的蒙太奇手法与注重声音的蒙太奇手法进行了细化。在声音蒙太奇方面，指"对声音的创作、选择和组接，主要通过语言、音乐、音响三条线的起伏错落来表现，三条线连贯、交替、补充共同形成节奏"①。具体的方法有声音的相互补充、相互转换、相互对立等。

可以说，蒙太奇是电影、电视这样的视听化信息传播所具有的特有的信息生产机制。通过画面和声音的重新剪辑、组合，电影和电视给观众创造了一个全新的影像世界。无论是一种纪实性创作还是艺术性创作，它都致力于还原现实，营造气氛、引导观众、激发感情和情绪、产生特定的艺术感染力和社会影响力。特别是在还原现实方面，它远远超出文字的表现力。当然，这在某种程度上也是一项缺点：一方面它需要越来越高的技术支持，保证画面、声音的高度还原；另一方面剪辑和组合本身是对现实的重新界定和反映，已经不是现实本身，存在一定的"虚构"和"造假"。而这一切却是以"事实"的名义出现的，因此，在很多学者看来，电影和电视就是一种"幻象"。

二、电视传播的社会属性

电影和电视一改过去几千年来人们依靠口语和印刷文字交流的历史，推动人类社会进入视听化时代、大众化时代。在前视听时代，口语的大众化与文字的精英化在很长一段时间泾渭分明，造成了社会的某种专制形态。即使在19世纪以后的报业大发展，进入所谓的大众报业时期，也难以与20世纪中后期电视的大众化影响力相比拟。电影与电视将直观的画面和声音传递给受众，省却了受众以

---

① 张晓梅：《电视音乐音响》，北京理工大学出版社2019年版，第191页。

往需要的知识积累和文字基础，带来了全新的对外在世界的认知体验，也使自己和所谓的精英群体一样置于一个世界当中。世界在视听层面变成一个共同、共通的交流空间。

这里需要说明电影和电视传播特性的区别。虽然从20世纪中期到目前为止，很多人从不同视角论述了两者可能存在的融合趋势，但在学界看来，无论是从技术上还是从表现上，它们是完全不同的两种视听形态，特别是在艺术表现力和社会属性上。具体来说，包括以下五个方面。

第一，电影是在特定时间长度内呈现的单一的、完整的，对特定事件的描写或批判。在观众的角度，这是一种偏向艺术的、表演性质的、需要特定场所的观赏活动。而电视和广播类似，强调的是在一种传播介质上，在自然时间的线性展开过程中，呈现各种各样的内容。它在整体上不是单一的，而是多样的、是完整的，也可以是按某种序列逐步展开的。在观众的角度，它既是一种观赏，但更多是一种生活化的消遣活动。在看电视和听广播的过程中，受众还可以做很多事情，特别是电视观众会以电视为中心形成一种家庭氛围。因此，人们把电视称为家庭媒体。

第二，通常认为电影的制作标准和呈现效果要比电视更好，对画面、声音及其叙事技巧等细节的要求更高。相比较而言，电视内容的制作虽然投入越来越大，但由于它的性质更贴近生活，因此一般的电视节目总体上还是不如电影的制作标准高。

第三，电影仅仅是一种再现式的艺术形式，而电视既可以是再现式，也可以是直播形式，实现即时性的传播。电视的摄、录、播一体化，可以随时随地将现实世界的图景传播到世界各地。

第四，电影是大屏幕播出，电视是小屏幕播出，前者的视听冲击力更大，后者则相对较小，且容易受环境影响。

第五，两者既有融合趋势，也在保持着自己独有的特点。自20世纪中期以来，电视一方面借鉴电影的拍摄技巧，制作了电视电影这种作品类型；另一方面则直接将电影放在电视上进行播出。自21世纪以来，我国出现的"大电影"则是将电视节目按照电影的规则制作成具有电视艺术特征的电影。虽然这种电影备受批评，但也说明无论在技术上还是在艺术呈现上，两者都有某种共通性。当前，互联网和移动互联网的发展，使得电影和电视都从一种单一的媒介演化成信息互联的终端。微电影的出现是这种技术演化的结果之一。而大量的电视节目出现网络形态或更适于移动互联网终端发送和接收。总的来说，经过半个世纪的发展，两者在技术上有融合的趋势，内容上也相互借鉴。但是从受众的角度来看，电影在被电视压制半个多世纪之后，居然有再次辉煌的可能。它的艺术边界依然清晰，对受众的影响也持续增强。相比较而言，电视的独特功能正被电脑、手机、平板等移动终端承接、分散、弱化。受众群体也不断分散，影响力大为下降。由此可见，无论是在学界还是业界都在重新定义电影和电视及其边界。

从电影和电视的区别中，大致可以看出电视的传播特点。当这些特点和人的收视行为连接以后，它的社会属性也就显现出来了。

首先，电视深刻地嵌入人们的生活，成为人们生活的一部分。与轻盈的报纸相比，电视作为一种信息的接收装置，在经济上的投入要大得多。比如，在1947年，美国杜蒙公司最昂贵的20英寸电视机售价达到2495美元。因此，人们对待电视的态度要比报纸更为谨慎，甚至说是神圣。在电视产生的早期，电视的清晰度较低、节目类型少、播出时间短，但还是成为一种高阶层家庭的地位象征。电视也被看作家庭陈设的重要组成部分，并配以特殊材质的柜体放置在最核心的位置。当然，随着制造成本的降低，购买电视已经成为一种大众化的消费。但其"家庭地位"还是比报纸、广播要高。看电视成为一种家庭生活方式。《美国电视史》曾记载，1950年普通美国人的看法是"电视就像一个有时令人愉悦，但经常令人震惊、完全琢磨不透的大嗓门客人，开始占据美国人家居中的起居室"[①]。70年过去了，电视受互联网影响地位有所下降。但据英美国家调查，2012年英国人平均每天看电视超过4小时，2013年美国55%的受访者通过电视获得时事新闻。2020年，英国首相约翰逊发表电视讲话宣布应对新冠疫情的政策时，有2700万英国人收看了电视直播，这个收视率超过了1966年英格兰世界杯决赛和戴安娜王妃的葬礼。

其次，电视改变了人们的生活方式，甚至改变了社会和政治的运行规则。电视的嵌入式存在必然会带来人与社会的诸多变化。正如麦克卢汉所说："任何媒

---

① [美]加里·R.埃杰顿：《美国电视史》，李银波译，中国人民大学出版社2012年版，第58页。

介（人的任何延伸）对个人和社会的任何影响，都是由于新的尺度产生的；我们的任何一种延伸（或是任何一种新的技术），都要在我们的事务中引进一种新的尺度。"①自电视产生以来，普通的拥有电视的家庭，会根据电视内容的序列性安排而使自己的生活也有某种序列性，比如，什么时间看新闻，什么时间看天气预报，什么时间看一部热播剧。同时还会学习、模仿电视中的人物使自己的行为看上去更符合潮流以及养成关心国家大事的习惯，等等。人们可以在同样的时间共享生活的经验、对世界的看法，因此人们的公共生活丰富起来，连接性也更为宽广深远。

而对于社会上有一定影响力的人，特别是公众人物和政治人物，开始特别注意自己的外在形象举止，并试图通过电视扩大自己的知名度和影响力，以获取经济利益和政治权力。他们的电视行为在某种程度上具有一定的表演性，并围绕这个需求形成了"形象设计""公关""媒体顾问"等职业和行业。媒介化社会、媒介化政治成为现代社会的新特点。美国的肯迪尼总统堪称这个时代的开启者和代表者。1960年，在他和尼克松的竞选中，他亲自拜访了哥伦比亚广播公司的电视导演唐·休伊特。他们讨论了在电视辩论的时候站在哪里，需要回答多长时间，讲得太久是否有提示，甚至还包括场景设计和拍摄模式。与尼克松相比，"肯尼迪对电视制作过程表现出比竞争对手更强的敏锐性。他们在关注电视细节方面存在很大差距"②。当前，电视依旧在西方政治中扮演着重要角色。受电视技术与西方现代政治的影响，非西方国家也逐步具有了类似的特点。

最后，电视带来的负面影响。从电视大规模出现在人们的生活中开始，一些学者已经意识到这种视听形态的信息、眼花缭乱的电视节目对人们的负面影响可能超过以往任何一种媒介。20世纪70年代，有学者用"电视人""容器人""充欲主义"等形容电视的影响。比如，"电视人""指的是伴随着电视的普及而诞生和成长的一代，他们在电视画面和音响的感官刺激环境中长大，是注重感觉的'感觉人'，表现在行为方式上是'跟着感觉走'，这一点，与在印刷环境中成长

---

① [加] 马歇尔·麦克卢汉：《理解媒介——论人的延伸》，何道宽译，译林出版社2019年版，第17页。
② [美] 加里·R.埃杰顿：《美国电视史》，李银波译，中国人民大学出版社2012年版，第143页。

的他们的父辈重理性、重视逻辑思维的行为方式形成鲜明对比"①。德国作家艾克哈特·托尔在他的非虚构作品《新世界——灵性的觉醒》中这样描述：

当你看电视的时候，通常你都会落入思想下，而不是扬升于其上。这一点，电视和酒精以及一些药物是很相近的。在它提供一些心智上的释放的同时，你也付出了很高的代价：失去意识。就像一些药物一样，电视本身也有让人上瘾的特质。②

虽然也有学者批评，以上研究可能夸大了电视的影响，因为人也有能动性，人们可以根据自己的需求去看电视，而不会总被电视所"迷惑"。但需要特别注意的是，当电视技术和经济利益、政治利益联结的时候，电视的负面影响在某些时候是被刻意制造出来的。数十年来，研究者对电视的传播效果研究早已经非常深入且成果丰硕。对于如何吸引受众的关注、影响人们的行为，已经是一门科学。比如，"广告擅长运用最简洁的方式，甚而是转瞬即逝的方式来讲述神话般的故事。为了满足观众的心理需要，广告结构被设计成'瞬间疗法式''提供快感式'的，通常电视广告只有60秒、30秒、15秒或更短。广告的主要功用并不是单纯介绍商品及其特点，而是力图抓住广告商与观众的共同利益点"③。西方的政治竞选广告同样具有这样的特点。比如，"负面广告"，即"是针对竞选对手的个性或政见展开的诋毁式广告。这类广告一般都会最大限度地传达负面政治信息，以特殊的声音、视觉效果和叙述技巧来打击对方，争取选民对自己的认同。同时，攻击对手，消除对方政策影响"④。

总的来说，自20世纪以来人们面临越来越复杂的信息环境。这个复杂性，一方面是信息量越来越大，人们很难判断哪个是自己所需要的，哪个是真的；另一方面是很多信息是以"真实"的名义来传播虚假的或有特定目的的信息，而人们却无从知晓。电视的工业化生产模式，更加重了这种复杂性与人们的无力感。

---

① 郭庆光：《传播学教程（第二版）》，中国人民大学出版社2011年版，第121页。
② [德]艾克哈特·托尔：《新世界——灵性的觉醒（修订版）》，张德芬译，四川文艺出版社2016年版，第200页。
③ 李林容：《把脉我国电视节目娱乐化"症候"》，中国广播电视出版社2017年版，第78页。
④ 孙哲：《左右未来——美国国会的制度创新和决策行为（修订版）》，上海人民出版社2012年版，第234页。

三、互联网时代的电视

20世纪60年代,自互联网产生以来,一度有人认为电视将会消亡。但直到目前为止,电视和互联网相处得很好。当然,不可否认的是,当前的电视和过去的电视在很多方面已经有很大区别。

(一)互联网重塑了人类社会的媒介环境

互联网并不是媒体,而是媒介,它最初是美国军方在冷战时发起的一项计划,目的是将分布在多个地方的电脑进行连接,以防止出现一点被攻击而全部瘫痪的结果。1994年,网景浏览器的问世使互联网的使用者不再是科学家和其他高科技专业人士,这预示着网络化社会的真正到来。对于电视来讲,通过无线、有线和通信卫星,早已实现了互联与全球化。不过,互联网这种新的连接方式,不仅改变了信息的传输方式,还彻底地改变了人们的行为方式。当前,数字化生存或网络化生存早已不是新鲜词汇,人们也已经无法脱离互联网。互联网发展日新月异,它不仅能传输文字、图片,还可以传输音频、视频。它的传输速度超过任何一种传统媒介,甚至是在以光速行进。同时,它有越来越庞大的存储量。更重要的是,它可以实现双向交流,这是传统媒体所没有的特点。有了这样的技术优势,报纸率先败下阵来,文字和纸张分离,不得不通过数字化和网络化实现迭代。随后是广播、电视,也不得不适应互联网的特点。当前,文字、音频、视频被集成在互联网中,通过手机、平板、智能电视和安装在很多物体上的屏幕发送信息。全媒体、万物互联,人类社会的媒介环境出现了史无前例甚至是根本性的变化。"体外化"的媒介仿佛回到体内,成为人们的器官之一。

(二)电视的功能与属性发生很大变化

虽然到目前为止还很难说电视会丧失其在"家庭"中的地位,或者在世界范围内很难作出统一的判断,但无可辩驳的是,它的地位确实下降了。在21世纪初,美国人就发现,他们中96%的人"使用媒介的时间中有1/3都是在进行多重操作的。而且,多重操作最多的是边看电视边做另一件事,如浏览网页、查收电子邮件或是打电话"[1]。技术的发展,使传统电视走入智能化时代。电视不再是单纯的

---

[1] [美]加里·R.埃杰顿:《美国电视史》,李银波译,中国人民大学出版社2012年版,第274页。

一块屏幕,而是和电脑屏幕一样,可以播放音频、视频、文字,可以检索、存储、对话,甚至可以实现某些生活化的订阅、缴费等功能。

(三)电视节目类型开始适应互联网的需求和网民的需求,跨屏传播成为常态

正如上文所述,互联网最大的特点是互动性。为了适应这种变化,电视节目类型明显出现了以下两种变化:一是传统的节目依旧在传统家庭电视的屏幕上出现,单向的、家庭的、适合较大年龄人群的电视节目依然受欢迎。二是新的、适合互联网环境的电视节目被更多地制作出来,吸引年轻人的关注。网络综艺、网剧的特点是和受众紧密关联的,受众不仅可以通过讨论区、弹幕区发表自己的看法,甚至可以参与节目的制作过程,推进情节的发展。我国近年来出现的偶像养成类综艺节目,就是借鉴日韩的节目模式。摄像机全程拍摄"偶像"的成长过程。观众,特别是年轻"粉丝",不仅围观、投票、评价,还通过各种方式带动"话题",提高"偶像"的知名度和话题度,直至推选出最终的"偶像"。在互联网时代,内容实现了跨屏传播。同样的内容,可以在电视、手机、电脑、平板等屏幕上同时播出。当然它们也有一定的区别。大屏幕更适合家庭和大群体的观看,中屏幕和小屏幕适合个人观看。当前,到底是内容更重要还是渠道更重要,或者受众的注意力更重要,还在争论当中。有学者认为,"电视媒介应该整合多种媒体的传播优势与效果,走电视资源加网络技术支持的合作之路,实现自己品牌节目的多媒体联动,为自己的品牌营销整合出最强有力的核心资源"。①体现出时代技术和商业结合对电视行业的冲击。内容被冲散,注意力成为稀缺品,商业化和品质的追求不可避免地就产生了矛盾。

第二节　西方的电视评论

在西方政治中,电视具有举足轻重的作用。在艾森豪威尔、肯尼迪时代,电视直接改变了政党初选的规则,使候选人直接面对选民,使传统的选拔机制及党内斡旋失去价值。历届总统选举的电视辩论,从来都是政治舞台的重头戏,几乎可以直接决定选举的走向。可以说,电视本身就是西方政治体系的重要组成部分。

---

① 冯晓临:《电视节目形态学》,上海人民出版社2019年版,第236页。

除了直接参与政治选举，围绕政治而产生的大量电视节目也是丰富多样。

一、新闻评论

所谓的新闻评论，即针对政治新闻的评论。既具有新闻的属性，也具有评论的属性。当然，在西方的新闻理论中，新闻本身就具有政治性。美国学者甘斯在《什么在决定新闻——对CBS晚间新闻、NBS夜间新闻、〈新闻周刊〉及〈时代〉周刊的研究》一书中，就谈道："影响新闻的最重要的两大因素是政治社会权力（或确切一点说，是来自具有政治社会权力的机构的消息来源）对新闻机构的影响，以及新闻机构对效率的重视。"[1] "严格来说，新闻主要是关于国家的；而社会学家所称的'社会'则是以电视和周刊后半部分栏目中的'软'新闻或新闻特写的形式出现的。"[2] 他从影响新闻生产的因素、新闻关注的主要内容和主要受众的关注内容三个方面判断新闻的政治属性。这一点从美国20世纪50年代的新闻节目中有很明显的体现。

一则是美国二战时期著名的战地播音员爱德华·R.默罗主持的哥伦比亚广播公司的《现在请看》(See it now)。这个节目直接来源于他此前的广播节目《现在请听》(Hear it now)。默罗既在演播室播音评论，也在新闻现场进行报道和评论。以现在的新闻标准看，那个时候的默罗甚至具有某种超越性。《美国电视史》这样描述，"他的衣着和姿态显示出他的经验和智慧，但他的忧郁和反讽则显示出他的不安全感和幻灭感。在当时注重电视的轻松性、故事性和根深蒂固的表现主义的背景下，默罗却呈现出一种更加忧郁、更加困苦，几乎因意识而麻痹的风度……对于一个新闻播报员和评论员来说，他向观众提供了一种强烈的戏剧性因素，无论新闻主题本身是多么枯燥和平淡"。[3] 1951年该节目开播时，他说的第一句话也非常口语化，"这是一支尝试学习新行业的老队伍"。[4]《美国新闻史——大众传播媒介解释史》记录了他在1953年调查有关麦卡锡主义的新闻报道中现场做的评论：

---

[1] [美]赫伯特·甘斯：《什么在决定新闻——对CBS晚间新闻、NBC夜间新闻、〈新闻周刊〉及〈时代〉周刊的研究》，北京大学出版社2009年版，第11页。

[2] [美]赫伯特·甘斯：《什么在决定新闻——对CBS晚间新闻、NBC夜间新闻、〈新闻周刊〉及〈时代〉周刊的研究》，北京大学出版社2009年版，第23页。

[3] [美]加里·R.埃杰顿：《美国电视史》，李银波译，中国人民大学出版社2012年版，第94页。

[4] [美]加里·R.埃杰顿：《美国电视史》，李银波译，中国人民大学出版社2012年版，第93页。

在个人与国家的整个关系方面，无论发生什么情况，我们将自主行事。这不能归咎于马林科夫、毛泽东乃至于我们的盟友。在我们看来，也就是在弗雷德·弗兰德利和我看来，这是一个应该无止境地辩论下去的问题。①

还有一则是在1968年，哥伦比亚广播公司著名新闻记者沃尔特·克朗凯特在他的《来自越南的报道：5W》中的评论：

我们陷入了僵局……对本记者来说越来越明显的是：走出这场战争的唯一理智办法将是和谈，但不是作为胜利者，而是作为一个可尊重的民族进行和谈，这个民族履行了捍卫民主的誓言，并尽到了自己最大的努力……②

美国学者对克朗凯特的新闻评论给予极高的评价，认为正是他的报道，越南战争才走向结束。当时的美国总统林登·约翰逊据说也是在看了他的新闻后，才作出了结束战争的决定。

"他镇定的播报方式、长辈般亲切的声音以及那句经典的结束语：'事实就是这样'，让他成为家喻户晓的人物。"③克朗凯特在进入电视界之前，有很长的报业工作经历。他善于将文字和电视结合起来。比如，他亲自撰写新闻稿，在新闻播报和评论中注意通过文字巧妙地平衡各种关系。他在哥伦比亚广播公司的《晚间新闻》工作近20年，使该节目长期保持收视率第一。在节目中，他表现自如、洒脱，会根据内容表露自己的各种情感。他很了解观众的心理，"能把缺少视觉形象衬托的口述消息，播得扣人心弦"④。

在美国，默罗的电视新闻和评论具有开创性，但并没有将这个角色和它的功能固定下来。1952年，在总统大选期间，美国哥伦比亚广播公司制片人唐·休伊特提议设置新闻节目主持人，即我们现在英语中对应的"anchor"这个词。它的原意来自体育界，是接力赛的最后一个人，也是跑得最快的那个人。记者的作用是将分散的报道组织起来。固定的电视新闻主持人大约在1956年出现。20世纪70年代以后，电视新闻节目主持人成为固定职业，出现了一大批知名的电视明星。比如，哥伦比亚广播公司的丹·拉瑟、全国广播公司的汤姆·布罗考、美国广播公司的彼得·詹宁斯等。

---

① ［美］迈克尔·埃默里、埃德温·埃默里，南希·L.罗伯茨：《美国新闻史——大众传播媒介解释史（第九版）》，展江译，中国人民大学出版社2009年版，第383页。
② ［美］加里·R.埃杰顿：《美国电视史》，李银波译，中国人民大学出版社2012年版，第171页。
③ 程曼丽、乔云霞：《新闻传播学辞典》，新华出版社2012年版，第162页。
④ 复旦大学新闻系：《新闻大学（第3期）》，复旦大学出版社1982年版，第120页。

进入20世纪中后期,电视新闻已经是各个电视结构的必备节目类型。新闻的传播速度越来越快,内容越来越复杂,对评论员的素质要求越来越高,评论员的影响力也越来越大。相较于文字时代的新闻评论,电视新闻评论不仅注重评论的内容,评论员本身在某种程度上也是评论的一部分。在一些观察者看来,像丹·拉瑟这样的新闻主持人和评论员,在知识层面未必有默罗或克朗凯特优秀,但其外表英俊、声音有吸引力,还做过乐队、出过书,因此更符合观众的观感。他们的影响力可以直接影响政府的政策。丹·拉瑟曾在节目中批评政府的政策,而节目尚未结束,当时的里根总统就致电向他解释,足以看出他对舆论的影响力。电视放大了个人的某些特征,在技术的全方位包装下,具有了某种"消费性"的商品特征。比如,20世纪80年代初,美国广播公司为了拉拢丹·拉瑟,开出的酬金高达300万美元。为此,哥伦比亚广播公司不得不作出重大决定:一是让克朗凯特提前退休;二是和丹·拉瑟签订长达10年的合同,酬金为2500万美元。①

二、节目访谈

政治访谈即通过访谈的形式评论政治。它既可以划入新闻性评论,也可以划入较宽泛的电视访谈节目。前者强调时效性,后者强调话题性。相较于单一的新闻主持人或评论员的评论,两人或多人的政治访谈在传播效果方面更适合于电视。

还是以美国的电视节目为例。有研究者通过梳理美国访谈类的新闻节目,时间较长又受欢迎的有全国广播公司(NBC)的《会见新闻界》(*Meet the Press*)、《夜线》(*Nightline*),美国广播公司(ABC)的《本周》(*This Week*),哥伦比亚广播公司(CBS)的《面对国民》(*Face the Nation*),还有有线电视网(CNN)的《拉里·金现场》(*Larry King Live*)等。其中,全国广播公司(NBC)的《会见新闻界》(*Meet the Press*)被认为是美国电视史上存在最久的节目,也是收视率最高的早间谈话类节目。它最早可以追溯到1939年的杂文杂志《美国信使》(*The American Mercury*),以及广播节目《美国信使:会见新闻界》。由此可见,评论和媒体的渊源,特别是视听时代,依旧沿袭着文字时代形成的规则。

---

① 张红云:《中外名记者研究》,山西人民出版社2007年版,第152页。

以著名的全国广播公司（NBC）的《会见新闻界》(Meet the Press）为例。这个节目于1947年开播，60年代收视人群高达1000万，90年代以后出现萎缩，目前的观众在200万左右。节目时长大约1小时。有一对一、一对二，面对面、圆桌、连线等多种访谈形式。对于它的节目形态，也有人认为是脱口秀性质或类似发布会的节目。鉴于美国的政治体制和它的国际影响力，它既是国内政治人物阐述自己的主张、回应选民或社会关注的平台，也是国际政要发声的重要渠道。在美国国内政治发展和国际局势演化的重要节点都有该节目的参与，这使它在某种程度上成为政治体系用来吸纳公众意见、形成政治议题、推出政治政策的重要结构性单位。同时，主持人直截了当、刁钻甚至尖刻的提问也是它的特点和看点。2004年，奥巴马在民主党全国代表大会上演讲之前接受了该节目著名主持人蒂姆·拉瑟特的采访。据称，"助手们为奥巴马准备这一次采访所花的时间比准备主题演讲的时间还长"[1]。而当奥巴马回答完最后一个问题，"阿克塞尔罗德和吉布斯（顾问）高兴得从椅子上跳起来。奥巴马在波士顿通过了他走向华盛顿的第一次重要考试，而且成绩优异"。[2] 把节目访谈当作"考试"，足以显示出节目的影响力。

除了美国总统，其他政治人物也很重视在这个节目中发声。1966年，美国黑人民权运动领袖卡迈克尔因发表"当你谈论黑人权力时，你谈论的是让这个国家屈服。当你谈论黑人权力时，你谈论的是粉碎西方文明所创造的一切东西"[3]这样的过激言论，出现在该节目上，他解释说，"只有当美国政府用暴力对付黑人时，黑人权力的含义才是使用暴力迫使它向黑人妥协"。[4]

《人民日报》驻美国记者张勇曾以"我大使再战美国'铁嘴'"为题报道过节目主持人拉瑟特对我国驻美大使李肇星的采访。当时，以美国为首的北约轰炸了我国驻南联盟大使馆，中美关系跌入谷底。拉瑟特所提的问题有"美国总统至少已向中国道歉5次，中国是否接受了美国的道歉""中国政府是否在煽动老百姓""中国试图用非法捐款，影响美国民主政治的进程""中国偷了美国的核技术""轰炸对美中关系的损害有多大"，等等。这些问题既有一般的提问，也有意图十分明显而尖刻的提问。李肇星大使面对这样的提问进行了有力的驳斥和回应，

---

① 黄河东：《奥巴马传》，南海出版公司2009年版，第198页。
② 黄河东：《奥巴马传》，南海出版公司2009年版，第198页。
③ 谢国荣：《美国民权运动史新探》，商务印书馆2016年版，第228页。
④ 谢国荣：《美国民权运动史新探》，商务印书馆2016年版，第228–229页。

比如"中国人民有权知道调查的结果,有权知道这场暴行的背后隐藏着什么""只有精神变态和扭曲的人才会说出这样糟糕的话""那么多人被杀,那么多人受伤,他们在做什么?他们为什么沉默、冷漠""我所关心的是我的同胞被杀害,你们在做些什么?你们开始调查了吗?""现在两国关系受到了严重损害,以美国为首的北约应该对此承担全部责任",等等。这样面对面的电视政治访谈所展现的复杂的国际局势和直截了当的争论、斗争是文字评论、一般的新闻评论不具备的特点和优势。

访谈性的电视评论极富观赏性和冲击力。一方面有助于了解双方观点,另一方面也有助于扩大影响。当然,也应注意到一国的评论节目和一国的政治和意识形态高度相关,难免带有一定的偏向性。同时,对主持人和嘉宾的素质、形象、临场应变能力也是个极大的考验。特别是主持人应具备非常丰富的记者、编辑经历。比如,《会见新闻界》的主持人之一内德·布鲁克有过15年报道国会新闻的经历。而其他主持人基本都有10年以上的编辑或主持经历。总体上对专业性要求极高。

三、其他评论节目

新闻性评论和政治访谈通常是严肃的政治节目,针对的是重大的政治事件或政府推动的重大政策、行动等引起的政治讨论。此外,还有一些评论节目针对的是一般性的政治事件或政治问题,或关注政治人物非重大的政治活动或自身的政治事迹。时效性要求不高,故事性、娱乐性的特点更多。由于西方政治的特点,此类型电视节目的收视率通常也比较高。

这里列举美国的两个著名电视栏目。一是哥伦比亚广播公司(CBS)的《60分钟》。这类节目既具有新闻性的特点,也具有话题性等特点,被后来的人界定为一种"新闻杂志",侧重新闻调查、深度报道,但也有相当部分内容是轻松的。因为休伊特说,"如果说,《60分钟》有一个工作榜样的话,那就是《生活》杂志——是老的《生活》,它每周出版,是美国数百万家庭的好朋友。它与读者之间建立的关系是我所向往的,我不惜将它的经验整个偷来。《生活》杂志可以占领美国的每一个咖啡桌,为什么我们的《60分钟》不能占据美国的每一台电视机呢"？① 他也说道，节目成功的因素是："我们故事的主角比我们会讲故事，我们所做的只是帮他或她讲好故事。"②

节目由唐·休伊特创办于1968年，开头是主题和题目的介绍，然后是3~4个板块内容的展开。周日晚7点到8点播出，时长大约1小时。以丹·拉瑟采访美国总统克林顿的一期节目为例。节目的开头是克林顿向丹·拉瑟介绍白宫的建筑、陈设、装饰，还有他的工作、生活情况。第二部分则是针对性提问，回应美国的国际国内政策，同时穿插有关医疗方面的街头采访。第三部分继续衔接第二部分街头采访"医疗"话题，展开相关论述，结尾延伸到同性恋问题。最后一部分也是由严肃话题展开，但会以比较轻松的话题结束。比如，谁会是奥斯卡奖的获得者等。

总统克林顿曾多次出现在《60分钟》栏目。20世纪90年代，在他党内竞选的关键时期，性丑闻使他的支持率大幅下降，他不得不借助电视澄清相关事实。克林顿在节目中指责费劳尔斯（相关者）在编造谎言，呼吁选民们根据政绩而不是流言蜚语对他作出判断。③ 他的夫人希拉里则说："我和比尔生活得很幸福，我是当事人，我很清楚这一点。而且，我认为这是我们夫妻之间的私事，不需要公之于众。我相信他，这就足够了。"④ 节目的一个"插曲"也体现了电视传播的魅力。当时，摄影棚有东西掉下来，克林顿立刻将希拉里拉入怀中，摄影师记录了这个瞬间30多秒，并在节目中播出。这个镜头语言所蕴含的意义远远超过他们的谈话内容。

还有一类节目是类似于脱口秀的谈话节目，著名的有美国广播公司（ABC）的《奥普拉脱口秀》（*The Oprah Winfrey Show*）。由著名黑人脱口秀主持人奥普拉·温弗瑞制作并主持，是美国历史上收视率最高的脱口秀节目。开办于1968年12月，结束于2011年5月。这个节目并不是严格意义上的评论节目，严肃的政治话题不是它的主要强项，但其政治功能不容小觑。比如，美国在1993年12月通过的《全国儿童保护法案》就被称为"奥普拉法案"。另外，在奥巴马和希拉里

---

① 李法宝：《影视文化传播论》，中山大学出版社2017年版，第55页。
② 连少英：《美国品牌电视新闻节目研究——以三大电视网和CNN为例》，中国传媒大学出版社2016年版，第114页。
③ 骆正林：《舆论传播与社会治理案例分析》，中国广播电视出版社2016年版，第192页。
④ [美]莉斯塔娜：《希拉里——我的抉择时刻》，北京联合出版公司2015年版，第176页。

的竞选中,由于她支持奥巴马而得罪了希拉里的支持者,节目的收视率也大受影响。这些都源于奥普拉在电视行业和其栏目积累的巨大影响力。

以2011年她对奥巴马夫妇的采访为例,可以看出此节目的一些特点。

奥普拉:"你在脸谱网上的个人主页上说,你在最近的一次会议上提到,这是你人生中看到过的最混乱的时刻。我们都知道美国经历过更加艰难的时期,比如战争和其他一些挑战,你为什么用'最混乱'一词来形容整个国家目前的状况呢?"

奥巴马:"全球正在发生着巨变。由于科技,全球化程度更高了,我们能够立刻知道世界的另一端发生了什么事。"

奥普拉:"那是个好现象。"

奥巴马:"那的确是个好现象。但是这也意味着一个地方发生的问题会迅速蔓延到全球。利比亚发生的问题会影响到美国的油价。加利福利亚的次贷危机会引起冰岛破产。这时,各种问题就会同时在全球迅速蔓延。"

奥普拉:"入主白宫,成为总统究竟意味着什么,入主白宫前会有一系列的欢迎仪式,然后才能住进去:一年前,我在圣诞节时去白宫采访你,你和我讲过奥巴马曾乘坐直升机回家,所以看来当总统还是有一些好处的。你认为丈夫成了美国总统,你们为此作出了什么样的牺牲?"

米歇尔:"最大的牺牲之一就是,我们都是很喜欢和朋友一起玩的,但是现在我们的生活受到严密的保护,我们就像是生活在一个密闭的气泡里一样。之前我们也谈过这个气泡。我不能够去塔吉特购物,我也不能够到处走动。我觉得我可以去塔吉特购物,但是一旦我去了,现场就会一片混乱,这样会影响其他去购物的人。"①

《奥普拉脱口秀》直接面对政治人物的内容所占比例不高,大部分讨论的话题都是普通生活中遇到的问题。有评论认为,它总体上是一种女性视角,关注的也是此类视角下的事件,比如妇女、儿童的权益。但是正如前文所论,政治的范畴可以很宽泛也可以很直接。个人的事情也是社会的问题,自然关涉各个层级的政府和政策。她对奥巴马夫妇的采访很生活化,但也因他们的身份而自然地延伸到很多国际和国内的政治议题。同样,在西方,政治人物通过生活化的节目也推销自己的政策和形象,更容易获得选民的支持,获得政治利益。

---

① 于梦明、成琳:《脱口秀女王奥普拉(英汉对照)》,中国致公出版社2012年版,第58-59页。

第三节 我国的电视评论

中国电视事业的诞生是以1958年5月1日北京电视台节目开播为标志的。此前广播事业局向中央提交的报告说明,"北京电视台将根据自己的工作特点,担负起宣传政治、传播知识和充实群众文化生活的任务"。① 这体现了中国电视事业创办时鲜明的政治特色。同时,也应注意到,这些特色很多是学习自苏联、捷克斯洛伐克、民主德国等当时的社会主义国家。最早制造的电视也是仿制苏联的。它的筹备单位包括中央人民广播电台、广播文工团、新闻纪录电影制片厂、八一电影制片厂等。

中国电视创建时的特点决定了它在内容制作上一定会体现政治属性。比如,早期的新闻节目是以新闻纪录片的形式呈现。而新闻纪录片的制作理念,在研究者看来,就是源自苏联领导人列宁的"形象化政论"思想。资料显示,这句话是列宁在1921年审看国际新闻片时所说,即"广泛报道消息的新闻片,这种新闻片要有适当的形象,就是说,它应该是形象化的政论,它的精神应该符合于我们苏维埃有些报纸所遵循的路线"②。苏联电影工作者在1949年帮助我国制作的早期新闻片《中国人民的胜利》《解放了的中国》中就有所体现。特点是解说优先于画面。"创作过程基本上是先确定一个主题,再围绕主题撰写好解说词/分镜头本,然后严格按照解说词/分镜头本的要求来采访、拍摄和编辑,极少做出变动。"③ 极具特点的、高亢有力的、富有权威性的画外音或解说是它在声音上的特点。从历史的角度来看,源自苏联的制作理念在20世纪50年代到80年代一直是我国新闻纪录片创作的指导原则和公认的创作传统。

总之,中国电视事业的创建,无论是理念上、技术上、内容上都源自苏联等社会主义国家。因此,中国的电视评论和西方的评论一开始就有很大的不同。一是评论本身就是电视事业的基本特点,二是评论具有鲜明的政治性和宣传性,三是它会随着中国特色社会主义事业的演进和发展出现变化,特别是改革开放带来的变化。以下内容主要是自改革开放以来对中国电视评论的总结。

---

① 刘习良:《中国电视史》,中国广播电视出版社2007年版,第17页。
② 倪祥保、邵雯艳:《纪录片——观念·手法与形态》,中国电影出版社2014年版,第32页。
③ 赵玉亮:《纪录片创作实训》,中山大学出版社2014年版,第75页。

一、政论片

在学界，政论片通常被划分在纪录片范畴，但也有人将其划分在电视专题片范畴。根据内容，它还被称作新闻片，或属于电影的一种类型。无论哪种说法，可以明确的是它在内容上是相对独立的，是对相关政治议题和现象讨论的视听化的呈现，既可以通过"电影"的形式传播，也可以"电视"的形式传播，具有很强的宣传性。对于它的内容特征，纪录片理论"教父"格里尔逊曾公开宣称，他把电影看作一个讲坛，并以一个宣传家的身份来利用它。"他认为，他的使命就是要使纪录片作者把问题及其含义以富有教益的形式加以戏剧化，进而给人们带来希望。"[1] 在一些学者看来，政论片不光是上文所说的社会主义国家的"专属"，西方国家运用得也很熟练。2004年，美国导演迈克·摩尔制作的《华氏911》、2015年韩国KBS电视台制作的《超级中国》等都属此类。

该片的类型，国内有学者将其分为论证性、思辨性、评述性三种。这里只从历史的角度简要分析我国政论片的特征。

改革开放以前，电视节目的类型有限，专题形式或纪录片形式的政论片通过城市电影院、电视台、露天电影院、俱乐部可以向全国观众播放，甚至是农村地区播放，某种程度上传播效果超过现在。从《到农村去》《英雄的信阳人民》开始到《收租院》，这一时期的政论片基于那个历史时期特定的使命和任务，发挥了非常好的宣传、教育功能。特别是北京电视台1966年制作的《收租院》，根据四川大地主刘文彩当年收租的情况，"采用典型塑造的方式，再现了封建地主阶级对农民群体的残酷剥削和压迫"[2]，表达了"牢记革命仇、永做革命人"的主题。这部影片连续放映长达8年，可以说是这个时期政论片的高峰。它的解说词也极具时代特点。例如，在该片的《逼租残害》部分：

在那万恶的旧社会里，有多少人被租子逼得像这位手提空麻袋的老妈妈一样，倒在路旁；又有多少人因欠地主一升半斗租子，被关进牢房，活着进去，死了出来；又有多少人家，父母被关进牢房，受尽折磨，而不得不扔下自己的亲生儿女；又有多少孩子像那坐在监牢外边的小姑娘一样，失去了亲爱的妈妈以后，弄得无

---

[1] 石长顺：《电视专题与专栏——当代电视实务教程（第三版）》，复旦大学出版社2019年版，第142页。

[2] 李晶晶、李升祥：《纪录片》，吉林大学出版社2019年版，第58页。

家可归,流离失所?看!这又是一家人的生离死别!他们因到期交不了租子,被刘文彩的狗腿子抄了家,丈夫被抓去了,丢下了这孤儿寡母。像这样的人家,真是千千万万,万万千千!这里的一切,记下了我们劳动人民世世代代的血和泪,记下了我们贫下中农祖祖辈辈的仇和恨。

同志们,我们看到的,仅是刘文彩27个粮仓中的一个,其他的何尝不是这样?大邑县的刘文彩是如此,其他地方大大小小的刘文彩又何尝不是如此呢?①

从这部分解说词可以看出,这个时期评论的话语,一是具有文字性评论的特点,具有语义上的连贯性和整体性,并未因画面的叙事结构而造成内容上的割裂感。体现了早期评论以文字为主体的特点。二是反映了那个历史时期的政治特点,即强调阶级斗争。在《收租院》的海报中就有毛泽东同志的语录:"阶级和阶级斗争的存在是一个事实,有些人否认这种事实,否认阶级斗争的存在,这是错误的。企图否认阶级斗争存在的理论是完全错误的理论。"三是解说的部分内容为了特定的宣传目的而进行了一定程度的创造。例如,有资料反映,片中所说的"水牢"被证明并不存在。

改革开放以后,我国的电视评论因为政治、经济环境的变化而出现了显著的变化。1992年,由张胜友撰稿,中央新闻纪录电影制片厂制作,在《光明日报》连载,在中央电视台播放的《历史的抉择》是这个时期的典型作品。该片受到邓小平同志的肯定,党的十四大全体代表观看后引起热烈反响。中国电影发行放映公司发行的大量拷贝发往全国各地、各军区,外交部还将拷贝发往驻外使领馆,此后还入选教材,可见它的影响力。

节选部分解说词:

卡尔·马克思曾有过一段著名论述:"任何一种解放都是把人的世界和人的关系还给人自己。"中国人民奋起于忧患,经历了成功与挫折的考验,必将紧紧抓住经济建设这个中心不放,坚持党的基本路线一百年不动摇,在推进祖国现代化建设的伟业中,以高山一般的毅力和大海一般的情怀,展示无与伦比的雄健身姿……

大海无垠,水也滔滔,浪也滔滔。

---

① 四川省大邑县县志编纂委员会编纂:《大邑县志》,四川人民出版社1992年版,第811页。

人类社会的进步与发展，永远是迎着风浪前进的。

一个国家、一个民族的思想和情感张力，在于追求。

一位大师说过：历史不是发动的，而是到来的。

一位哲人说过：机会，永远钟情于有着特殊准备的民族……

每一次历史的抉择，都将拓展一片新天地。

中国，正拥抱着一个明天的太阳。[①]

张胜友是报告文学作家，这篇文章有2万多字，而内容时长为90分钟，因此它还有再创作的过程。该片的总导演周东元就谈道："以小见大，以点带面，多侧面多角度而又全方位地展现深圳和全国改革开放，是这部影片创作的特点。"[②]同时，寓哲理的思考于"蒙太奇"的电影语言。比如，在表现深圳敢为天下先的精神时，就用了一组《深圳特区报》八论改革的标题，交叉混编了一组冲天的海浪、女生双手撑开铁门的巨型雕像，"三种极为不同的、互无联系的形象排比编组在一起，单调的报纸和标题立刻赋予了一种精神和情感的穿透力和冲击力"[③]。

与20世纪五六十年代的评论相比，世纪末的评论无论在思想上还是技术上都发生了很大变化。一是它需要在改革开放的新的思想和政策框架下描写和叙述新的社会变革和发展，同时还不能脱离基本的原则和规范，比如，文中对马克思理论的引用；二是文字语言是一种开放的散文体，表达和理解都具有开放性，易于接受和理解；三是视听语言在制作技术上已经更为成熟和先进，在创作手法上也能大胆地运用电影的方法；四是传播渠道更为多元，且向海外进行了传播。值得注意的是，文字稿发表在报纸，视频通过电视、院线、政府军队组织体系、外交系统和其他方式进行多渠道传播体现了政治主导的传播体系的强大组织力和传播力。

自21世纪以来，我国的电视政论片继续随着国家政治、经济、文化和社会的发展而出现很多变化。2021年，新华社在中国共产党百年之际制作了政论片《你的样子》。执行制片人张平锋界定这部片子是一部"非典型"政论片，如果按照历史评论片和政治理论片的角度去讲述中国共产党成立百年，可能会流于空洞说

[①] 张胜友：《父亲张胜友语文教材作品集》，上海文汇出版社2014年版，第162页。

[②] 《中国电影年鉴》编辑委员会编纂：《中国电影年鉴（1993）》，中国电影出版社1994年版，第176页。

[③] 《中国电影年鉴》编辑委员会编纂：《中国电影年鉴（1993）》，中国电影出版社1994年版，第177页。

教。因此，他认为该片的特点是"以人物故事带动历史叙事"①，以个体共产党员的故事连接重大历史事件和历史进程，将理论浅显化、通俗化，从而让观众产生情感共鸣。

它的解说词也出现了变化，例如第一集《信念》：

解说词："王经燕和男同志一起跋山涉水，开展农村工作。一年间，全县共产党员发展至400余人。洒满思念的雨夜里，她轻吟起和丈夫共同谱写的歌词《我和你》。"

片中女声："伟大的理想，共同的志向，让我们生死与共，我就是你。"

解说词："1928年6月，26岁的王经燕被捕后就义。芳华绽放的25岁和26岁，张朝燮和王经燕缘何带着牵挂，不惜身死事革命？后人们，努力从书信中读懂他们的信念和抉择。"

片中袁梦仙（王经燕的外孙女）："此仇此恨，何日得报。（每次看完）还是会心情澎湃，还是会心里很酸楚。感觉到这种亲情，那种情绪自动会一下上来。"

袁秋仙（王经燕的外孙女）："外公外婆他们的墓在（永修县）艾城，每一年清明，我们大家全都去的，去祭拜的。"

张延璐（王经燕之子）："（最后一次探监母亲）说她梦见了我父亲，来找她去看'房子'。她就说，就谈了一些事情。最后就谈到小孩子。她说她没有什么牵挂，她就是放心不下我。"

与此前立意宏大、大历史纵深、气势磅礴，强调思辨性、理论性强的评论片相比，该片主题虽然一样宏大，但在具体的文字和视听语言的表述上是从个人视角切入。"你的样子"中"你"的称呼，拉近了历史与人物的距离。另一个显著的变化是文字语言和解说词的地位下降，视听语言，包括同期声、音乐、音响等的地位上升，在某种程度上可以更独立地表述特定的意义，且感染力更强。总的来说，这一方面与自党的十八大以来，习近平总书记和党中央提出的"讲好中国故事"的政策有关；另一方面和新媒体技术，特别是社交媒体的发展有关。同时，随着改革开放和社会主义市场经济的发展，人们的观念也发生了变化。从人出发，关注人，成为电视评论的又一着力点。

---

① 新华社新媒体：《〈你的样子〉为百年中国共产党画像》（https://baijiahao.baidu.com/s?id=1704065433650438320&wfr=spider&for=pc），2021-07-01。

二、新闻评论

和西方一样,这里的新闻评论指的是针对新近发生或正在发生的政治新闻的评论,且通常是以特定的新闻栏目形态出现。自改革开放以来,受美国等西方国家新闻节目制作理念和方法的影响,我国出现了最早一批的新闻评论节目,按照时间顺序,以下对这类节目做一简单梳理。

我国最早的新闻评论节目是1980年7月12日开播的《观察与思考》。1988年,该节目与《社会瞭望》合并,改为《观察思考》。1994年3月27日该节目停播。根据研究者的史料,这个栏目开办时的定位就是"既有新闻性又兼具政论性的电视评论栏目""宗旨是通过对具有普遍意义或群众关心的事件、问题或人物进行调查、介绍、分析和研究,说明某种道理,引起观众的思考,起到影响并引导舆论的作用"。①

该节目在制作上和此前的节目有很大差异。首先是有了"主持人",和美国50年代出现的"主持人"类似,起到主持、串联、评点的作用。其次,改变了传统的画面配解说的新闻纪录片形态,也彻底摆脱了对报纸、广播评论的模仿。最后,同期声的作用发挥出来,让采访对象说话,用镜头说话,用事实说话。

从史料来看,该节目在80年代影响很大,这从它的选题就可以看出来。比如,第一期节目《北京居民为什么吃菜难》就直接采访了北京市有关部门领导。1981年播出的《包产到户之后》,制作历时半年多,赴安徽三四个县进行了采访。改为《观察思考》之后,选题更加关注社会焦点问题。比如,《物价大震荡》《从一个工厂停产所想到的》等。特别是后者揭露了当时少数人利用职权倒买倒卖,天津某厂被"官倒"控制被迫停产的现象。

在电视文本、视听语言层面,这个节目也有很大突破。以关注90年代初住房问题的《屋檐下的忧思》这期节目为例:

主持人肖晓琳:"在现行的住房福利制度下,国家支付的高额补贴转化为个人的实际收入,谁都想多要住房,所谓不要白不要。这种无限膨胀的住房饥渴症不能使人们从经济利益的比较当中得到自我调整,从而为某些人提供了'以权谋房'、多占住房的机会。天津在一次清房中,就查出7万间空房。而在山西,有的人竟让空房闲置了11年。这些空房或许是为牙牙学语的孩子准备的,或许在

---

① 杨新敏:《当代广播电视新闻评论》,中国广播电视出版社2005年版,第358页。

要房的时候,主人压根就没有想到过它的用途。种种原因我们不得而知,但是我们却清清楚楚地看到有的人是三代同室,有的人却长期让房子空着。吃喝看不见,住房在眼前。"

  这些文字由后来《焦点访谈》等节目的制片人梁建增撰稿。从这段文字,基本可以看到这期节目内容上的严肃性和论证上的逻辑性。在计划经济向市场经济转轨的过程中,住房问题涉及百姓的切身利益,政策如何调整不仅是观念问题,更是相关的体制问题。这期节目虽然有评论认为论证也有值得商榷之处,但作为一档具有特点的电视栏目,它的表述与传播方式开启了一种新的模式。特别是画面语言的运用,使人印象深刻。"记者深入上海棚户区所摄下的一幅幅画面,无论是从高空拍摄的棚户区鸟瞰图,还是里弄潮湿平房困境的特写,都给人留下了强烈的印象。作者还善于调动画面,巧用民谣,使'住房问题'更加突出。"①

  20世纪90年代是中国特色社会主义市场经济不断摸索、不断进步的重要历史时期。中国的电视业也迎来了黄金发展期,最显著的标志就是1993年央视《东方时空》的出现和新闻评论部的组建。在学界看来,它是对美国哥伦比亚广播公司《60分钟》的模仿。但它的成功确实前所未有,其中的一个版块《焦点时刻》发展为后来的《焦点访谈》,并受到国家领导人的关注,且纳入国家舆论监督反馈体系,可以说是评论类节目发展过程中的一个高峰。当时,新闻评论部主任和《焦点访谈》的创办者孙玉胜后来著书将90年代电视节目的成功"归功于"语态的变化,即认识到电视是一种家庭媒体,所以视角和说话的方式也要转变为大众的、生活的方式,其实质是建立一种平等关系。他的理念已经从80年代的"文学电视""作家电视"转变为"专业电视",即同步、现场、真实、过程。因此,"语"和"态"要符合电视的规律。

  以1995年《永远的纪念》一期节目为例:

  敬一丹:"……12号这一天,这些遗物与三位烈士一起从贝尔格莱德回到北京。从这些遗物里我们能看到烈士的血迹,我们似乎还能听到爆炸声、闻到硝烟味。睹物思人,烈士的音容笑貌好似就在眼前。"

  沉重的音乐、五星红旗、被轰炸的大使馆现场画面。

  解说:"1999年5月8日凌晨,在以美国为首的北约,对我国驻南联盟大使

---

① 饶立华:《电视新闻专题作品选评》,中国广播电视出版社1995年版,第91页。

馆的导弹袭击中,新华社记者邵云环,光明日报记者许杏虎、朱颖夫妇不幸遇难。"

画面:大使馆内部。房顶被击穿,钢筋外露,房间损毁。

现场记者:"现在我们可以看到,导弹就是从这个地方落入了邵云环同志的卧室……这是邵云环同志的电脑,这是她的采访用包,还有一些信笺、信封。"

解说:"朱颖的父亲周福来从北京赶到贝尔格莱德。在许杏虎、朱颖居住的房间里,他强忍着悲痛,寻找着孩子们的遗物。"

画面:周福来手拿一枝红花,神情悲痛,走进被轰炸的房间。从废墟找出烈士生前用的包。

周福来:"你闻闻,这上面都是火药味,全部都是火药味。"

……

敬一丹:"刚才我们看到的这些遗物将被中国革命博物馆收藏和展出,将来我们和我们的后人面对这些遗物的时候,回想起在1995年5月8号曾经发生了什么。这将会极大地激励起我们爱国的热忱。烈士们热爱祖国,忠于职守,不辱使命,为我们树立了楷模。而这些遗物,是烈士们留给我们的一笔宝贵的财富。好,感谢你收看今天的《焦点访谈》,再见。"

这期节目是对当时以美国为首的北约轰炸我国驻南联盟大使馆,造成3名记者牺牲,馆舍受到严重损毁的重大事件的报道。它是连续十二期节目中的一期,不仅是当时全国的焦点事件,也是全世界关注的国际事件。作为中央媒体,如何报道这个事件,如何评价这个事件,某种程度上代表着中国政府的立场和态度。第一期《骇人听闻的袭击》、第二期《中国人民不可欺》、第三期《践踏国际法则的罪行》已经表明了中国立场。而在《永远的纪念》这一期,则从国际、国家的角度,转换为具体的"人"的角度。从上文实录的内容来看,作为新闻评论,它的鲜明特点还体现在以下三个方面:一是记者深入现场,通过现场拍摄、采访使得评论更具时效性、现场感和真实性;二是对视听语言或声画关系的掌握和运用更为专业和娴熟;三是主持人的作用越来越大。主持人成为电视评论的重要因素,甚至是关键因素。节目的语态,一方面是视听语言整体呈现出的状态,另一方面就是主持人的语态。以这期节目主持人敬一丹的表现来看,对于这一重大事件,她的语气总体是平和、沉静的,具有对话式的特征,但其中也蕴含着一种无形的力量。梁建增就评论"她的那种从容,使节目显得更具真实性;她的那种冷静,使节目显得平实厚重；她的那种大气，使节目增加了权威感；她的那种自如，也使节目增添了不少的亲和力"[①]。基于这期节目，本书认为，对于重大政治事件可以如此从容地处理，不仅是"语态"的问题，也是中国政治发展不断成熟的标志。

在政治、经济、文化等多种因素的推动下，从20世纪末开始，中国电视、电视新闻和电视评论迎来了一个大发展期。其中，创建于1996年，身处中国香港特别行政区的凤凰卫视异军突起，在电视评论方面做出了大胆的尝试，不仅在华人世界引起极大关注，同时也取得了非常好的经济效益。它的评论节目有《有报天天读》《时事开讲》《新闻今日谈》《总编辑时间》等。有一支具有良好知识背景和媒体经历的专业的新闻评论员队伍，比如杨锦麟、阮次山、邱震海、何亮亮、吕宁思、曹景行等。

在这些节目当中，《新闻今日谈》因为涉及的国际国内政治议题较多，被看作典型的电视评论。评论员阮次山具有中国台湾地区和美国的政治学专业背景，有长时间的传统媒体和电视媒体的从业经历，他利用媒体人的身份，和世界很多国家政要均有广泛接触，具有良好的国际政治视野和政治判断力。《新闻今日谈》的节目制作和其他众多节目一样简单实用。在一个比较"局促"的空间，主持人和评论员相向而坐，对政治问题进行讨论对话。阮次山的评论话语十分有特点，其一就是非常罕见的说话"不利索"，还容易"结巴"。其二是根据自己丰富的经历进行评论，比如，认识某某人，他和我说……等等，让人信服。其三是评价专业、精准，能找到问题的症结，比如，早期他谈到的"布什单边主义"成为普遍认同的概念，甚至可以出现在决策层的讲话中。

2003年，中央电视台开办新闻频道，大量的评论类节目出现，代表着评论成为电视的固定栏目，且开始发挥越来越大的作用。典型的如2008年开播的《新闻1+1》等。以《新闻1+1》为例，它早期的主持人是董倩，白岩松以观察员和评论员的身份出现。后期，他们的身份都转换成主持人兼评论员，通过现场连线的方式形成1+1的评论方式。白岩松从《东方时空》开始，经过长期的国内外重大新闻报道的历练，确立了自己严肃、冷静、长于分析的特点。董倩毕业于北京大学历史系，在节目中，无论是采访还是评论都展现出一种思维的缜密性，甚至苛刻。

---

① 梁建增：《〈焦点访谈〉红皮书》，文化艺术出版社2002年版，第363页。

近几年该节目制作在视听语言上的特点：一是以蓝色为主色调，片头音乐简洁紧凑，以演播厅、摄像机、主持人为画面，倒计时式的鼓点逐步导入节目。二是演播厅单人或双人主持，背景是高清的LED屏幕，动态显示，可以实现现场连线。三是背景logo是黄色图标，屏幕下方实时新闻有滚动出现。

以2020年新冠疫情期间的一期《今日疫情分析》为例，白岩松的开场是这样的：

白岩松（字幕是评论员）："你好，观众朋友，欢迎收看正在直播的新闻1+1。年呢，早过完了。从今天开始，新闻1+1主要关注的是今日疫情分析。当然，我们要请到最权威的专家和决策者来帮助我们做出今日疫情的分析、研判和相关的各种对策。如果说要有关键词或关键点，那就是两个，第一个是牢牢地锁定今天，第二个就是您的关心与担心。首先今天我们连线的是……"

视频连线在武汉的中国疾控中心副主任冯子健……

视频连线在武汉的董倩（字幕是总台央视记者）。

董倩："岩松，我先告诉你几个细节，首先呢，今天下午本来不是武汉市市长周先旺来接受采访的，是另外一名副市长。但是，来的时候发现是周市长来了。后来我就问他，为什么本来应该是别人，为什么您来。他说，我知道别人来，我说你别去，我去。你要知道，岩松，电视直播的采访对于这样的一个风口浪尖上的人物来说，应当是非常具有挑战性的。因为你的一言一行，一举一动，包括你的措辞，你的表情，应当说是在无数人的审视之下，甚至是被放大了看。但是在这种情况下，他不让别人来，我自己来，那么本身就说明，他觉得他有能力、有自信去面对这样的一个一系列的问题。那么到了以后，我问他，我说周市长，我们要不要沟通一下问题。他说，不用，你随便问。我既然来了，我就不需要知道你的问题。"

2020年开始的全球性的新冠疫情，不仅是一次大规模的流行性疾病，还引起了各国政治、经济形势的变化。对于我国的各级政府也是一次极大的考验。这期《新闻1+1》的新闻评论有以下三个特点：一是有很强的新闻性，针对的就是新近发生和正在发生的重大新闻事件和人们关注的重大的社会问题；二是主持人和评论员的专业性提高，通过连线专业人士进行相关问题的讨论也整体上提高了节目的专业性；三是表达上兼顾口语化，也就是语态上延续了90年代的特点。另外，从这期节目董倩的话语中可以明显感觉到，媒体对政治的影响越来越明显，政府官员的媒介素质也相应提高。针对此次新冠疫情，通过及时的新闻评论一方面可以将最新的信息传递给群众，减少信息不确定带来的不稳定状况；另一方面可以通过专业的评论，疏解、缓解群众的焦虑情绪，并且专业地去处理复杂事件，特别是公共性安全事件，更需要专业力量的介入。从全球性的视角来看，我国的电视新闻和新闻评论在制作水准上已经和西方发达国家相当。

可以说从《新闻1+1》开始，我国的新闻评论就不断地走向专业化和技术化。

所谓的专业化，一是上文所看到的新闻从业人员的专业化。以往他们仅仅承担的是一个记者或报道者的角色，起到信息中介的作用。但近10年来，随着整个社会的不断分化和各个行业知识的不断专业化，他们的个人素质也呈现出专业化的特点。二是大量的专业的新闻评论员成为固定的节目要素，甚至是不可或缺的部分。比如杨禹，出身记者，有高校和国家部委工作经历，2009年出现在央视各大新闻节目担任评论员。2012年在党的十八大开幕式、闭幕式和新一届中央政治局常委见面直播中担任评论员。在2013年，成为《新闻联播》35年来第一位直播连线评论员。除此之外，还有擅长外交、军事等问题的阮宗泽、杨希雨、吴大辉、杜文龙、苏晓辉、滕建群、曹卫东、李莉等。他们大多具有政府工作经历或来自专业的研究机构。

所谓的技术化，一是用先进的技术制作评论节目，包括更快的信息传播速度、更清晰的画面质量，用虚拟技术制作特定的虚拟图景。利用大数据、人工智能分析数据，提供资源。二是利用交互技术，实现多方互动交流。比如，央视国际频道2016年创办的《中国舆论场》。通过社交媒体征集网民关注的问题，通过弹幕等方式参与评论，甚至通过打分等方式来评价某位评论员。另外，还"设立新媒体直播区，实现台网互动，大小屏有机互联，打通台网两个舆论场"[①]。

技术化和专业化相互强化，但也有某种张力。具体来讲就是，通过技术，更多的专业人士可以参与进来。另外，它也使泛化的大众参与进来，其大众性和专业性在某种程度上存在一定的矛盾，因此一种分化的趋势在所难免。

---

① 中国广播电影电视社会组织联合会编：《广播电视改革与创新（2017）》，中国广播影视出版社2017年版，第34页。

三、电视评论的新形态

正如上文所述,技术是改变媒体业态的关键因素。它似乎要颠覆过去的传播方式、传播渠道,直至传受关系,使以往被动的受众掌握话语权。但实际上,掌握信息资源的传统媒体或新兴的互联网媒体依然处在主导地位,只是需要更了解受众的信息接收习惯和注意力走向。人工智能、算法技术的出现,使掌握海量信息资源的互联网媒体一方面快速发展为平台型媒体,通过有线、无线网络覆盖了巨量的受众;另一方面通过大数据分析掌握了受众的喜好,可以精准地传播信息。以此掌握新媒体格局下的信息及影响力的主导权。

在新技术条件下,作为传统媒体的电视和作为重要舆论引导工具的评论都在寻求变化。这在上文的新闻评论中均有所体现。而基于党和国家宣传政策的推动,特别是理论普及化的需求,几种新的电视评论类型也应运而生。

2016年11月4日,东南卫视推出大型评论节目《中国正在说》。它不仅在传统的电视渠道播出,还成为一款网络节目实现了点播,可以通过B站等平台面向更广阔的网民进行传播。在形式上,"这档节目创造性地集纳发挥了网络TED演讲、传统电视讲坛和新型真人秀等各类传播形态所长,话题宏大但并不沉重,吸引了很大一批年轻观众"[①]。学界和业界对该节目的类型定义目前还不统一,有的称是公开课节目,有的称演讲类节目等,但无论形式是什么,它的评论性是内核。

对于节目创办的目的,该节目的策划人员表示,是全面介绍中国快速发展的成就,讲述中国故事。从创办以来的节目内容来看,它的主要作用还是结合实例,通过评论来宣传党的重要理论和重要政策。知识性特点比较明显,这是和之前评论节目鲜明的区别。

以2021年的《为什么要深入批判历史虚无主义》这期节目为例。

片头画面:一幅中国国旗,出现"中国正在说"五个字,由毛泽东的题字构成的,英文是"Voice of China"。

音乐:节奏快、高亢的。

---

① 今日中国:《〈中国正在说〉:荧屏上的中国表达》(http://www.chinatoday.com.cn/zw2018/wh/201803/t20180305_800119921.html),2022-04-16。

解说:"讲好中国故事、发出中国声音,中国正在说,为中国点赞。"

画面:往期嘉宾。

解说:"历史虚无主义从何而来,它有着怎样的面目。"

画面:历史资料。

嘉宾A画面:"否定中国共产党、否定中国革命。"

解说:"污蔑历史人物,抹黑英雄烈士,放大历史细节,而罔顾整体事实。"

画面:历史资料。

嘉宾A画面:"所谓革命是阻碍了现代化,消解我们政权的正当性。"

解说:"历史虚无主义披着学术外衣、文艺外衣、舆论外衣,它不仅仅是历史谣言,更有明确的政治诉求。"

画面:历史资料。

嘉宾A画面:"在一种思想上瓦解你的共识。"

解说:"学史明理、学史增信。新时代伟大斗争,更要擦亮双眼、明辨是非。"

画面:党史学习教育大会,现代的城市。

嘉宾A画面:"我们要深刻地理解这种斗争的复杂性、长期性。"

解说:"学史崇德、学史力行,历史是最好的教科书,也是最好的清醒剂。"

画面:党史学习教育会议。

嘉宾B画面:"我们不去占领的话,别人就会去占领。"

嘉宾C画面:"会有很大的难度。"

嘉宾D画面:"面临着哪些挑战。"

嘉宾E画面:"变成了水军中的一员。"

嘉宾A画面:批判历史虚无主义就变得非常迫切了。

解说:"鉴往知来、迎接挑战,周五晚《中国正在说》解码历史虚无主义背后不可告人的真实目的。"

画面:党史学习教育大会,现代城市、科技、工程等。

字幕:谢茂松——为什么要深入批判历史虚无主义。

画面:节目内容剪辑。

画面:节目现场。灯光秀。主持人郑若麟出场。

郑若麟:"清代龚自珍有句名言,灭人之国,必先去其史。我对这句话的深刻领悟,居然是在法国。我在法国担任了《文汇报》常驻记者20多年,到了最后几年我发现在法国也有人在蓄意篡改他们的历史,尤其是近代史。我看过一部喜剧大片,里面把二战领袖戴高乐说成是'独裁者'。我回到国内以后发现,类似的现象在我们中国有时候是有过之而无不及。贬低我们的英雄、扭曲我们的历史、抹黑我们的伟大的文明。为什么会有这种现象,他们的目的究竟是什么。我作为记者,我观察、我记录。但是有学者在那里分析、研究,让我们用热烈的掌声有请谢茂松。"

画面:谢茂松从观众席中间走出,现场嘉宾起立欢迎。

郑若麟:"……我们常常说,解决了挨打的问题之后,我们要解决挨饿的问题。今天,挨打挨饿都解决了,我们现在要解决挨骂的问题。"

谢茂松:"郑老师提到这个挨骂的问题,我想第一点我们要认清形势,就是中国你不管怎么做,当中国崛起挑战西方霸权的时候,大家(西方)都要骂你,所以我们的态度是不怕骂。第二点就是我们要理直气壮地讲好我们的中国故事。讲好中国故事就必须能够讲好我们的中国历史。我们关于中国历史有一套系统、统贯性的一套阐释,就是能够把我们的党史、新中国史、改革开放史,更往上近代史跟整个中华五千年的文明史,能够节节贯通、古今完全打通,建立一个大叙事。我觉得这第二点是非常重要的。第三点要有中西文明的比较。一方面文明的交流互鉴,但同时该斗争也要坚决斗争,在更高的层面解决挨骂的问题。"

2016年至今,《中国正在说》节目已经开播6年。2017年被国家新闻出版广电总局评为年度创新创优节目。结合摘录的这期节目文本,与此前的评论节目相比,它的特点有以下三点。

一是主持人和嘉宾都有很强的专业性和知识性。这一方面来源于他们的个人经历和研究积累,比如主持人郑若麟,有着20多年的《文汇报》常驻巴黎和欧洲记者经历,他的《战火映红巴格达夜空》曾获1991年中国新闻奖。在欧洲多年,出版有相关文学作品与西方进行沟通交流传播中国文化。现在是复旦大学中国研究院研究员。近年来,他还通过新媒体谈论分析西方政治制度,普及政治常识,受到网民关注。这期嘉宾谢茂松是清华大学国家战略研究院资深研究员、太和智库高级研究员。

二是选题既有新闻性也有政策性。本期节目是对2021年2月20日习近平总书记在全国党史学习教育大会上讲话的深入理解、贯彻和宣传。习总书记在会上指出，"要坚持以我们党关于历史问题的两个决议和党中央有关精神为依据，准确把握党的历史发展的主题主线、主流本质，正确认识和科学评价党史上的重大事件、重要会议、重要人物。要实事求是看待党史上的一些重大问题，既不能因为成就而回避失误和曲折，也不能因为探索中的失误和曲折而否定成就。要旗帜鲜明地反对历史虚无主义，加强思想引导和理论辨析，澄清对党史上一些重大历史问题的模糊认识和片面理解，更好正本清源、固本培元"。[①] 这期节目《为什么要深入批判历史虚无主义》直接对应讲话中的"旗帜鲜明反对历史虚无主义"。参与这期节目的除了郑若麟和谢茂松，还有中央党校教师齐惠、人民日报理论部高级编辑何民捷、中央新闻纪录电影制片厂副总编辑谢九如、外交学院教师孙禄。他们可以说是组成了一个专业的制作团队，基于自己的观察和研究，从历史的角度、西方的文化霸权、中西方竞争等角度系统阐述和讨论了历史虚无主义的来源、表现和当前我国的对应措施。

三是影视化的制作技巧。从这期节目来看，片头设计，现场灯光、舞台、音乐设计，主持人、演讲嘉宾的讲述方式，与现场嘉宾、观众的互动方式，及总体的画面剪辑等都具有影视化的创作特点，视听觉的冲击力都较之类似节目更强烈。节目中穿插的视频资料，加强了论述的纵深感。总体上集合了当前娱乐节目先进的制作手段，使评论更具观赏性。

可以说，更具观赏性是当前评论节目在互联网时代进行的一个创新和改革方向，以主持人郑若麟参加的由复旦大学中国研究院、"观视频"等联合出品的《又见欧洲》系列评论短视频为例，整个节目最长不超过15分钟。内容是对以法国为代表的当代欧洲的危机进行评论。节目的制作理念和方法比较前卫，虽然是对话形式，但只见陈述人，而不见对话者，所以呈现的是一种娓娓道来的漫谈或讲述。镜头平视、中景为主，偶尔缓慢移动，但从侧面拍摄，而不是正面。因此，体现了一种客观性，评论由此变得轻松而生活化。谈话地点在一个西式的咖啡馆或餐厅，红色沙发等色彩背景，有强烈的视觉感。

《中国正在说》是对传统电视评论节目的创新，通过多种传播渠道发挥了它

---

① 《习近平：在党史学习教育大会上的讲话》，中共中央党校网站（https://www.ccps.gov.cn/xtt/202103/t20210331_148208.shtml），2022-04-17。

的最大传播效果。不过,严肃的内容和影视化的制作方式一直以来都存在一定的矛盾。比如,此前央视的《百家讲坛》,内容太过专业和严肃会把大部分观众拒之门外,但内容如果变得轻松而具有观赏性,又会在专业上带来一些争议。评论本身的政策性、理论性和逻辑性很强,让更多的人"喜闻乐见"难度很大。所以,《中国正在说》总体上还是倾向于特定人群,并以此为基础向外逐步拓展。

或者是为了综合近年来评论短视频和电视评论的创新成果和经验,2019年东方卫视和B站等互联网平台开始播出由复旦大学中国研究院、东方卫视、观视频工作室、观察者网等联合制作的评论节目《这就是中国》(*China Now*),由复旦大学中国研究院院长张维为担任主讲人,其节目宗旨是构建中国话语体系,讲好中国故事。

通过互联网广泛的推广和传播,这个节目同样引起了学界、业界的关注。首先就是主讲人张维为的身份,他曾经担任国家领导人的翻译,长期在外交部门工作,走访过100多个国家。出版有《中国触动》《中国超越》《中国震撼》《文明型国家》《中国特色社会主义》等专著。在2016年全国哲学社会科学工作座谈会,2021年中共中央政治局就加强我国国际传播能力建设进行的第三十次集体学习中,张维为作为学界代表做了发言。其次是节目制作方面的创新。它不同于《中国正在说》公开课形式的大场景,而是类似于沙龙形式的小场景,更适宜对话讨论。镜头运用类似于评论短视频的精致的电影化拍摄,特写、中近景搭配更讲究,更能发挥特定的视觉功效。最后是评述的内容。既有新闻性,能紧密贴合时事,还有很强的理论性和政策性。张维为教授已经建构了较为完备的理论体系和话语体系,因此对特定问题的探讨更具学理性。通过更容易理解的话语和特定实例的阐述,评论的效果较之以往更易接受。因此,正如复旦大学新闻学院张涛甫教授所说:"张教授的过人之处,在于他做了一个非常好的翻译者,把中国崛起用的理论体系,用自己的话语阐释,把政治语言、学术话语、大众话语做了无缝对接。"[①]

总的来讲,如果从1958年算起,中国电视已经发展了60多年。电视评论也随着中国政治的发展、中国人现代政治观念的日益成熟,而变得形式多样。目前,

---

[①] 《这档思想政论节目不一般——〈这就是中国〉创新话语讲好中国故事》,光明网(https://m.gmw.cn/baijia/ 2019-12/ 05/33375805.html),2022-04-17。

话语创新与跨屏传播：新媒体时代的电视评论

基于互联网的媒体融合发展与数据处理智能化是电视评论创新的一大动力，它不仅使评论开始注重双向的交流反馈并不断扩大传播范围，还使其政治功能得到凸显。而党中央基于我国的发展现状、国际局势不断推进构建中国话语体系、讲好中国故事的宣传策略，使电视评论不断创新并发挥更大的社会功能。

第三章　当前我国电视评论的话语创新

中西方之间的社会政治发展既有共性也有鲜明的差异性，正如电视评论，自改革开放以来的新闻评论就吸收了很多西方电视制作的经验，同时，像《这就是中国》《中国正在说》等评论节目，也类似于美国的 TED 演讲，而它们的差异性在于，评论的立论基础有根本上的差别，即无论从历史还是意识形态、制度、治理方式都不同。由此，它们的表现方式、功能也有很大的差异。

电视评论，从社会系统论的角度看，其实就是基于电视这个传播媒介的信息的传递，它从属于更大的社会政治系统。因此，当社会系统在面对外在环境变化，而需要进行自我调适的时候，电视评论也必然要进行调整。用相关的术语来讲，就是需要"创新"。

作为党的事业组成部分的党的新闻宣传工作，以及构成它的各种组织和信息形态，必然要体现党的执政理念中的创新思维和实践经验。当前和以后我国电视评论的发展也具有这样的特征。或者说，只有在具有这些特征的基础上才能更好地发展。

据此，以《这就是中国》为代表的新的电视评论之所以在学界、业界甚至海外引起关注，在于它的创新，包括理论上的创新、话语上的创新和形式上的创新等。当然，这些创新的基础是自改革开放以来中国在实践层面的创新，它和理论之间相互促进，才有了今天中国各方面建设的成就。

第一节　理论创新

自党的十八大以来，习近平总书记的重要讲话、中共中央出台的重要文件是当前电视评论理论创新的基础和原则。评论的主要任务之一就是讲好中国故事，提升中国的文化软实力。因此，在新闻评论方面要体现新时代中国特色社会主义的国家治理方略,而在其他具有宣传性特征的评论方面则是围绕一些重大理论问题进行阐释、解读、应用,以凸显中国特色社会主义理论的创新成果,建构具有新时代、新媒体特征的理论话语体系。

在《这就是中国》等评论节目中,张维为等主讲嘉宾针对特定问题的评论均有一定的理论基础且都有一定的创新。以下从三个方面进行简要的梳理分析。

一、理论基础

作为《这就是中国》的主讲嘉宾,近10年来,张维为出版有《中国震撼》《中国超越》《中国触动》《中国人你要自信》《文明型国家》《中国特色社会主义》等多部专著,在《求是》《光明日报》《中国当代史研究》《世界社会主义研究》《红旗文摘》等发表文章200多篇。这些论著和文章基本是站在文化自信、对外传播的视角,通过中西方意识形态、制度等的对比,传播中国特色的社会主义理论、制度和文化。作为他进行评论的理论基点,在纵向的历史层面他所提出的理论是"文明型国家";在横向的制度层面,他重点对"中国特色社会主义"理论、"中国模式"进行了深入的阐述和创新性的挖掘。除此之外,虽然他没有重点提及,但笔者认为它还应有一个隐形的理论框架,即现代化的理论。

(一)文明型国家

这是2011年《中国震撼》中,张维为提出的一个概念,"指的是一个延绵不断长达数千年的古老文明与一个超大型现代国家几乎完全重合的国家"。①

他认为,文明型国家和欧洲发源的"民族国家"不同,后者是由具有共同特性的人民组成的国家,包括主权独立、领土完整、文化认同等要素。它既是欧洲现代化的动力,也是战争的根源。在西方,"民族国家"和"现代国家"基本是等同的。不过,他提到,在西方人的观念中,中国是"文明国家"但不是"民族国家",因此也不是"现代国家"。"很长一段时间内,西方主流学者几乎都认为整个20世纪中国的历程,不过是一个不得不从'文明国家'变成'现代国家'的过程。"②而"文明国家"在他们眼里,是和"民族国家""现代国家"有内在冲突的。

---

① 张维为:《文明型国家》,上海人民出版社2017年版,第3页。
② 张维为:《文明型国家》,上海人民出版社2017年版,第12页。

张维为通过分析近代以来中国的"民族"概念是"中华民族",同时通过百年的努力,已经建立了现代国家。"是一个把'民族国家'与'文明国家'融为一体的'文明型国家',是一个把'民族国家'和'文明国家'的长处结合起来的国家。"①

他在书中总结了"文明型国家"的八大特征,即超大型的人口规模、超广阔的疆域国土、超悠久的历史传统、超深厚的文化积淀,还有独特的语言、独特的社会、独特的经济、独特的政治。他将"制度"单独拿出来,阐述了"文明型国家"在制度方面的特征:一是国家型政党或整体利益党,二是协商民主,三是选贤任能,四是混合经济。在他看来,中国的"文明型国家"还是一种模式,它的特点有以下八个,即实践理性、强势政府、稳定优先、民生为大、渐进改革、混合经济、对外开放、三力平衡。他还论述了"文明型国家"的理念,即实事求是、民本主义、整体思维、政府是善、民心向背、选贤任能、兼收并蓄、推陈出新、和而不同、良政善政。

(二)中国特色社会主义

《中国特色社会主义》一书在2020年出版,由张维为主编,参与写作的有复旦大学中国研究院的寒竹、文扬、范勇鹏、吴新文、白果等。内容分为以下四个部分。

1. 历史视角下的中国特色社会主义

作者在追溯了社会主义在西方的渊源之后,又探讨了共产主义和社会主义的区别,认为"政府与国家存不存在、发不发挥对社会的主导作用,这一社会主义社会与共产主义社会的重要区别,常常被人们忽略。忽略了这一点,就很难理解为什么说中国有着世界上最深厚的社会主义传统"②。通过对世界社会主义发展路线的梳理,作者认为"纵观整个人类2000年的社会主义发展路线图,中国既站在古代朴素社会主义的历史起点,也站在当今世界科学社会主义的领先位置"。另外,基于对社会主义"初级阶段"的辨析,认为"新时代中国特色社会主义就是21世纪的社会主义"。③

---

① 张维为:《文明型国家》,上海人民出版社2017年版,第17页。
② 张维为:《中国特色社会主义》,上海人民出版社2020年版,第28—29页。
③ 张维为:《中国特色社会主义》,上海人民出版社2020年版,第37页。

2. 比较视野下的中国特色社会主义

作者主要是通过对比中美政治制度的优劣来进行分析的。他认为，美国的革命、宪法、宪政制度、制衡原则、选举制度等并不具备民主性。它的制度弹性不足，因为它产生于极特殊的环境、依赖于严格的条件，但却始终无法满足。因此，作者认为西方存在多种危机，即世袭性危机、共识危机、共同体建构危机等，这会导致西方主导的世界体系失败。

相较于美国和西方的制度安排，中国特色社会主义的优势在于，中国对全球化的认知和战略不同，即全球化是经济的全球化，既不是政治的，更不是西方的。在制度安排方面，中国有代表人民整体利益的政治力量。在社会治理方面，是党政主导、社会协同、公众参与的模式。另外，"中国政治力量保持了自己独立于社会力量和资本力量的特性，在保持社会力量和资本力量某种平衡的同时，保持了自己规范并引领社会力量和资本力量的能力"。[①]

3. 马克思主义中国化视角下的中国特色社会主义

作者梳理了马克思主义中国化80多年的历程及在每一个阶段中央领导人的重要贡献。特别是自党的十八大以来，以习近平同志为核心的党中央进一步推进了马克思主义中国化、时代化和大众化，凸显了这种制度优势。比如，强调"四个自信"、党的领导方式的创新、突出以人民为中心、五大发展理念、国家安全观、中华民族共同体、人类命运共同体等。

（三）中国模式

在2019年出版的《这就是中国——走向世界的中国力量》中，张维为对中国模式进行了较为系统的阐述。除此之外，在《文明型国家》《中国震撼》《中国触动》等书中也有相关的论述。

对于中国模式，张维为首先澄清了这个概念的出处和争议。他根据个人经历，认为"早在1980年邓小平就明确使用过'中国模式'这个概念"[②]。具体来讲，它有以下三个含义：一是从国际政治和经济的角度进行的一般性的论述，即模式是用来解决问题的办法；二是在评论国家国内形势时，认为中国的模式是马克思主

---

① 张维为：《中国特色社会主义》，上海人民出版社2020年版，第149页。
② 张维为：《这就是中国——走向世界的中国力量》，上海人民出版社2019年版，第98页。

义原理和中国实践相结合的结果，不应要求其他国家照搬中国的模式；三是自改革开放以来形成的发展模式。

作者认为当前学界对"中国模式"还存在误解。一是认为模式有示范、样板的意思，不应将自己的模式强加于人。二是中国模式还没有完全成功和定型，谈论尚早。还有就是有的人只认可西方模式，不认为存在中国模式等。

基于以上探讨，作者认为中国模式（The China Model）这种提法是可以成立的。一是官方有直接的表述；二是中国确实形成了自己独特的发展模式，也取得了相应的发展成果；三是与中国道路相比更易于中西方的交流和理解。当然，作者也认为"中国模式不是没有问题，而是有不少问题"。他受丘吉尔的启发，将这种模式称为"最不坏的模式"。

其次，张维为的"中国模式"有以下两层含义：一是站在"文明型国家"的历史的维度上认为，中华文明的构成因素"大致规范了中国发展道路的独特性，规范了中国改革开放的路径依赖，规范了中国模式的所有特点"[①]。二是站在中国的改革发展维度，认为中国的发展模式既不是"激进改革模式"，也不是"保守改革模式"，而是"渐进改革模式"或"稳健改革模式"。

最后，中国模式的特点。张维为在《文明型国家》中列出了以下八个特点，即实践理性、强势政府、稳定优先、民生为大、渐进改革、混合经济、对外开放、三力平衡。在《这就是中国——走向世界的中国力量》中他基本沿袭了这种说法，但将其中的"强势政府"改为"有为政府"。另外，在《中国触动》一书中，他将"稳健改革模式"的独到之处归纳为以下六个方面：一是在稳定、改革和发展三者关系中找到了平衡点；二是指导方针非常务实；三是实事求是，进行大胆而又慎重的制度创新；四是渐进改革；五是比较明确的优先顺序；六是开放的态度。综合张维为多部著作的内容，基本可以认定他所说的"中国模式"主要说的是自改革开放以来形成的发展模式。

二、论证方法

无论是文明型国家还是中国特色社会主义、中国模式等理论，都是在对比论证中形成的。其中，第一种论证方式是基于传统中国和现代中国的对比完成的。

---

① 张维为：《文明型国家》，上海人民出版社2017年版，第77页。

第二种论证方式则是在中国和西方的对比中完成的,而后一种方式是贯穿其论著和节目的主要论证方式。

(一)与西方模式的对比

在张维为的著作中,西方、西方模式、西方中心主义等概念、含义基本等同。

他从以下三个方面进行了对比:一是在历史层面破除"欧洲中心主义"和"西方文明优越论"。他从多个方面进行了论证,认为古希腊文明很大程度上源于古埃及,欧洲文艺复兴的主要动力来自东方,特别是中国,启蒙运动的起点在某种意义上也是中国,现代西方经济学和政治治理的一些核心概念和制度安排均来自中国。相较于西方,中国在古代长期领先于西方,原因有:中国古代的"天命论"有现代"契约论"的特征,并有强烈的"民本"思想,还产生了选贤任能等一系列制度安排。另外,中国古代人们的自由度也高于欧洲。近代中国之所以落后,是由于西方通过战争、金融和货币进行的掠夺和压制。当然也有其自身的原因。

二是制度方面的对比。这主要体现在他在书中记录的他和西方著名学者、"历史终结论"的作者弗朗西斯·福山在2011年的辩论。

作者谈到了其中涉及的十二个议题,即中国是否会经历"阿拉伯之春"、如何解决"坏皇帝问题"、"小布什问题"、问责制问题、法治、中国模式是否持续、如何评价毛泽东、腐败问题、中产阶级政治态度问题、文化趋同论、民粹主义与民主的关系问题、历史终结论。通过这些问题的讨论和对比,作者认为中国和西方的制度都需要改革,但相较于中国,西方(美国)的政治制度是前工业革命的产物,缺乏实质性的改革。低能的领导人、华尔街的金融腐败、民粹主义等都是制度问题的体现。而中国的制度有其特点和优势,比如民主集中制、全方位的问责、"文明型国家"的法治和"大周期"、中产阶级对国家和社会稳定的支持、独特的文化等。

三是理念方面的对比,即自由主义与社会主义的对比。他认为自由主义或新自由主义片面强调市场和经济利益激励对人的作用,具有先天失衡的问题,还从根本上回避任何宏观战略的问题。而中国的社会主义具有中华文明的整体性思维、关注时间的延续性、国家是"公权力"的代表。"中西方文明建立于两种完全不同的信仰、不同的立场之上，这导致中西两种社会之间完全不同的演化过程。"①

（二）与美国的对比

在张维为的著作和节目中有对两国政治、经济等方面较为全面的对比。其中，经济话题最为广泛，政治话题则主要集中在民主制度方面。经济话题很多时候是作为论据用以支撑政治问题的讨论。

对于民主制度的讨论，上文中的"中国特色社会主义"理论中已有提及。除此之外，在《这就是中国——走向世界的中国力量》一书中，"五个视角比较中美民主模式"也有相关论述。作者认为民主是当今世界最具争议的话题之一，整个世界都没有达成真正的共识。他认为西方的"多党制＋一人一票"是形式民主，而西方人也很难理解中国的"党的领导、人民当家作主、依法治国"。所以，他以林肯的"民有、民治、民享"作为共通的语言进行对比分析。

在民享方面，他通过对比40年来两国人民财富的增长情况发现，"中国人的实际收入增加了22.8倍，而美国多数人的实际收入却没有增加……美国的中产阶级规模在缩小，但中国中产阶级的规模在迅速扩大"②。

在民有方面，他通过对比两国公务员和议员的背景和财富，认为"中国政府的'民有'程度显然高于绝大多数西方国家的政府，特别是高于美国这样资本力量影响过大的国家"③。

在民治方面，他认为西方"普选制＋多党制"是形式民主、程序民主，如今普遍出现了"选完就后悔"的问题，还有资本影响力过大、民粹主义、短视政治等。中国的民主是实质民主，民主建设是围绕邓小平的三条标准展开的，即看国家的政局是否稳定、看能否增进人民的团结和改善人民的生活、看生产力能否得到持续发展。领导人产生的方式是"选拔＋选举"，"中国比较注意融合中国历史传统的基因、社会主义的基因和西方模式的有益元素，大胆地进行民主制度创新"④。

除了以上三个方面，他又加了两条，一是"与人民在一起"（with the people），

---

① 张维为：《中国特色社会主义》，上海人民出版社2020年版，第281页。
② 张维为：《这就是中国——走向世界的中国力量》，上海人民出版社2019年版，第167-168页。
③ 张维为：《这就是中国——走向世界的中国力量》，上海人民出版社2019年版，第168页。
④ 张维为：《这就是中国——走向世界的中国力量》，上海人民出版社2019年版，第171页。

二是"到群众中去"（to the people）。通过这几个方面的比较，他认为中国模式相对胜出。

（三）与其他国家的对比

在张维为的著作中，其他国家大致可分为以下四类：第一类是与我国面积、人口近似，发展中的资本主义国家，即印度。他认为，印度全面落后于中国，原因在于民主品质不高、种姓制度、妇女地位低、土地改革问题、腐败问题等。

第二类是曾经是社会主义国家的东欧诸国。作者通过各个时期的考察，认为东欧国家的变革经过政治上的激进转型和经济上的"休克疗法"国家目前面临较多困境。比如，高度依赖外资经济、竞争力不强、人民的支持率低等。

第三类是相邻的、和我国有相似文化的东亚国家和地区。作者认为这些国家的问题是"这些民主政体的品质普遍不佳，它们几乎都遇到了非西方社会采用西方政治制度后出现的一些典型问题，特别是社会分裂、贪污盛行、经济滑坡三大问题"[①]。民主品质不佳的原因：一是缺乏司法独立和法治精神；二是公民文化严重不足。

第四类是中东一些遭遇过"颜色革命"的国家。作者总结这些国家存在的问题有人口爆炸、贫困、畸形的经济结构、腐败、治理水平低下等。

三、理论评价

张维为的多部著作及其观点受到官方学界的关注和讨论。他的文明型国家、中国特色社会主义、中国模式构成了他进行比较研究的理论框架。其中，由于中国特色社会主义在官方和学界已经有长期的经验总结和研究积累，有较为明确的概念体系、理论体系和话语体系，张维为的观点基本也在这个范畴之内，且相关的论述与其他两个理论有很多交叉，因此对它的讨论不多。相比较而言，由于文明型国家和中国模式目前在学界还没有定论，所以讨论得比较多。根据相关文献，对上述三个理论的评价可以分为以下三个方面来谈。

第一，在话语创新的层面对其理论进行的评价。

自2010年以来，《人民日报》《新华日报》《中国社会科学报》《第一财经日报》

---

① 张维为：《中国震撼——一个"文明型"国家的崛起》，上海人民出版社2016年版，第224页。

等党报、学术类报刊、知名的商业报刊等曾采访报道过张维为及其理论，他也在中共中央机关刊物《求是》及旗下《红旗文摘》上发表过多篇文章谈及相关的理论和话语建构问题。2017年，人民网曾发文评价《文明型国家》一书，认为"《文明型国家》构成了一个自成体系、有机联系、层层推进的逻辑系统，为我们分析中国和世界提供了一个全新的视角"①。这在一定程度上说明了官方对其理论的重视。此外，有高校硕士论文将这种理论研究归为"张维为现象"，认为它"是当前对中国模式、中国道路热议的具体表现，这一现象的指向是如何认识中国崛起，如何构建新时代的中国话语，从而达到凝聚社会共识，促进中国梦的实现"②。还有研究认为，张维为的理论"启发我们要善于挖掘并整合爱国主义教育的资源力量，运用国际比较的开放视野，优化内容体系，突出中国模式等时代性议题，弘扬民族自信心，直面爱国主义教育领域里的疑难问题，并努力构建具有中国特色的话语体系"③。还有文章在研究《中国超越》后认为，"不可忽视的是，作者不断强调另一项超越——话语的超越，中国的崛起一定要伴随自己话语的崛起。失去话语，就可能失去一切！一言以蔽之，道路自信和制度自信最终都应该体现在话语自信上"④。

第二，对理论本身的评价。

关于"文明型国家"理论的评价。总体上学界认可中国当前发展具有传统文化基因或文明基因的理论探讨，但对于它和马克思主义之间是什么关系，和现代社会之间是什么关系则有多种说法。对于张维为提出的这个新的概念，有学者认为张维为的理论还是有较多的地方值得商榷，"《中国震撼》这本书的'价值'不在于其观点的说服力，而在它可以让我们反思民主体制本身的问题，尤其是印度民主发展得相当不错，却不仅长期陷于贫困，而且也未能保护环境"⑤。

---

① 搜狐网（转人民网）：《张维为最新力作〈文明型国家〉：全方面解读中国》（https://www.sohu.com/a/149377649_157267.2022-04-30）。
② 魏忠：《张维为现象研究——论中国话语的构建启示》，江南大学2017年硕士学位论文。
③ 李琼、孙清华：《爱国主义教育视野下"张维为现象"探析》，《思想教育研究》2015年第3期。
④ 杨文韬：《九万里风鹏正举——评张维为〈中国超越——一个"文明型国家"的光荣与梦想〉》，《中国出版》2015年第3期。
⑤ 张千帆：《民主是绕不过的坎——评〈中国震撼：一个"文明型国家"的崛起〉》，《炎黄春秋》2014年第12期。

此外，还有学者研究认为，"张维为先生对八大特征和八大理念背后所隐藏的中国传统文化根源的揭示，确实有其合理的一面，但把中国崛起完全归结为继承和弘扬中国传统的优秀思想文化就有值得商榷的地方。中国政治模式是中国模式的重要组成部分，在其形成和发展的过程中，确实吸收了'和谐中道与和而不同'等优秀的传统文化思想，但中国共产党人把马克思主义民主政治基本原理同中国的具体实际相结合而形成的中国化马克思主义的民主政治建设理论才是中国政治模式得以形成的核心理念，才是中国政治制度的比较优势得以呈现的根本原因。因此，对《中国震撼》提出的一些观点，读者不能仅仅照单接受，还有必要进行深入的理性分析"①。

还有学者评价，一方面认为："张维为的《中国震撼：一个'文明型国家'的崛起》是一本非常优秀的读物。张教授根据亲身经验和切身感受，向读者描述出'中国崛起'的事实。张著最大的亮点，在于它令人信服地表明了中国不能削足适履、屈从西方价值观，而必须实事求是，正确总结中华文明复兴的经验。"②另一方面也提出，其并不认可"文明型国家"的说法。中国早已脱离了自己的轨迹和逻辑，踏入世界文明大道。

中国之所以能够充满自信地学习西方，而且在学习西方的过程中没有被西方同化，是由于它站到了一个从西方资本主义产生出来，却又比资本主义更高的立场——马克思主义立场上。中国的成功是马克思主义的成功。中国只有始终坚持马克思主义，才能不仅实现自我超越，而且帮助西方实现自我超越。马克思主义来自西方，但它属于全人类。它已经帮助中国走出了古代文明的困境。只要我们能坚持马克思主义，它就必将帮助西方走出现代文明的困境。③

关于"中国模式"。在张维为的著作中已经谈到，对于"中国模式"的提法其实是有争议的。比如它的出处，张维为认为可以追溯到邓小平在20世纪80年代的一些谈话。而在学术界，认为"中国模式"的研究最早可以追溯到"汉学研究"，

---

① 戴小江：《在对比中坚定信心——读〈中国震撼——一个"文明型国家"的崛起〉》，《中共山西省委党校学报》2012年第35期。
② 马拥军：《超越"文明型国家"——"中国崛起"的马克思主义视角》，《中国浦东干部学院学报》2014年第8期。
③ 马拥军：《超越"文明型国家"——"中国崛起"的马克思主义视角》，《中国浦东干部学院学报》2014年第8期。

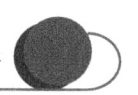

第三章 当前我国电视评论的话语创新

即鸦片战争以后,最早的专业讨论是在20世纪90年代邓小平南方谈话以后,而其引起国内外学术界的广泛争论是在美国高盛公司高级顾问乔舒亚·库珀·雷默在2004年的"北京共识"报告中第一次正式提出"北京共识"的概念之后。

2008年到2014年是"中国模式"相关文献发表最集中的6年,2010年达到高峰,有近400篇文献。在这些文献中,对于"中国模式"的提法有人赞成,有人反对。赞成者认为改革开放以来,特别是经历了两次国际性金融危机之后,中国的发展确实体现出了不同于西方自由主义经典理论范式的独特性,因此可以探讨它的独特模式。但也有学者认为,中国并没有自己的模式,只是"二战"后现代化国家都会经历的发展模式,或者中国的模式还没有成型,还有很多问题,所以还不到总结的时候。还有人认为中国模式的提法会引起西方的误解,甚至恐惧,因此会和西方产生竞争甚至对抗。比如,"西方认为,西方世界基本上有着共同的价值体系和相似的政治制度,而中国崛起的价值取向和西方的并不一样,政治制度更有着非常大的差别,所以恐惧感顿时油然而生。西方感觉到'威胁'不仅仅是因为'中国模式'的崛起,更重要的是西方模式的失灵"[①],所以不赞成这种提法。可以说,"中国模式"到目前为止尚无定论。

2018年,杨光斌等人在文章"关于'中国模式'的争论与研究"中,对"中国模式"研究进行了梳理。他们认为"中国模式"的研究涉及经济、政治、文化三个议题,即改革开放与经济腾飞、一党执政与政治发展、历史传统与社会文化,或者三个兼而有之。在"历史传统与社会文化"中,作者提到了张维为的"中国模式",即他的"文明型国家"的提法,将他的理论和潘维、朱云汉、贝淡宁、姚洋、王赓武、赵汀阳等人的理论并列。对此,作者提到了西方的文化主义,即沿着托克维尔-韦伯式的文明研究,"杨光斌教授提出了'中华文明基体论',中华民族的'基因'至少包括:不变的语言文字与华夏民族;国家大一统思想和治国的民本思想;行政体制的郡县制、官僚制和选贤任能;文化上的包容与中庸之道;社会生活的自由与自治,以及家庭伦理本位;等等"[②]。可以看出,他的某些提法和张维为有相似之处,只是论述的途径不甚相同。

此外,复旦大学的陈学明教授在2011年曾以"什么是推动中国改革开放成

---

① 郑永年:《西方为何惧怕"中国模式"》,《领导文萃》2009年第9期。
② 王鸿铭、杨光斌:《关于"中国模式"的争论与研究》,《教学与研究》2018年第5期。

功的根本原因"为题讨论了张维为的"中国模式"。他认为,张维为先生的《中国震撼》一书对中国这30年之所以能够崛起,正在于没有照搬西方模式,没有按照新自由主义的思路行事的论证,确实是富有说服力的。该书归纳了"中国模式"的八大特点和八大理念,这是作者所认定的中国之所以能够崛起的原因所在。并致力于揭示中国崛起背后的中国特有的文化内涵也有独到之处并给人以启发。但是,作者把这八大特点和八大理念的形成说成主要是由于继承了中国优秀的文化传统则值得商榷。事实上,它们背后更深层的根由就是中国共产党坚持以马克思主义为指导思想,坚持致力于马克思主义的中国化,以及用当代中国马克思主义来指导当今中国的现代化建设,指导对"中国模式""中国道路"的开创。①

总的来讲,张维为的"中国模式"不是一个原创性概念,但他的理论是从"文明型国家"和改革开放以来中国的政治经济实践基础上推导出来的一种新的理论。他参与了21世纪初中外学术界关于"中国模式"的广泛的甚至是激烈的讨论,因此遇到挑战也很正常。值得注意的是,目前官方的文件和讲话中,"中国道路"的说法要多于"中国模式"。

第三,理论综述。

张维为的多重身份使得他的论著也体现出多重含义。其中,他的外交经历使他的论著具有很强的现实性或实践性;他的学术经历使他的论著具有一定的严肃性和理论性;他长期和媒体打交道,又使他的论著具有一定的大众性,读起来通俗易懂,富有感染力。在社交媒体时代,当严肃的话题被抛入复杂的网络环境中时,必然会使理论的探讨复杂化。不过,如果将这些理论和争论置于当代中国发展的时代背景和国际背景下考虑,那么它其实是符合某种需求或趋势的。

张维为在"中国话语丛书"的序言中说,"中国的崛起早已超出了西方理论和话语的诠释能力。过去30多年,西方对中国政治的预测几乎都是错的,就是一个很好的例子。他们的误判除了有意识形态的偏见之外,还有西方哲学社会科学存在的许多深层次缺陷……中国已经崛起到今天这个地步,我们完全可以以中国人的眼光和话语来观察和评述自己的国家和外部世界。我们要建构全面的、透彻的、强势的话语体系……复旦大学中国研究院从成立的第一天起,就把'解构

---

① 陈学明:《什么是推动中国改革开放成功的根本原因——兼评张维为先生的〈中国震撼〉》,《上海师范大学学报(哲学社会科学版)》2011年第4期。

西方话语、建构中国话语'作为自己的学术使命,我们力求通过原创性的理论创新和话语建构,从根本上动摇西方话语对中国的主流叙述……通过颠覆性的原创性研究,尽早终结西方话语主导中国学术界的极不正常的局面"[1]。

类似的表述,杨光斌教授在"政治理论与中国政治学话语体系丛书"总序中也说过,"一个关乎13亿多人口的政治绝对不能迎合任何简单化的理论。要知道,没有任何事情比治理大国更为复杂,这是中外历史反复证明了的;同时,基于特定国家、特定历史、特定经验而形成的理论也没有资格去鉴定中国政治发展的对与错,我们只能基于中国经验,在比较研究中形成相应的理论和概念……已经学习美国政治学40年的中国政治学,需要有自主性的理论体系和话语体系,中国应该是理论的发源地"[2]。

在前文提到,张维为的论著还有"现代化"这个隐性的、非原创性的理论框架。他认为,现代中国是传统中国的延续,并和西方一样,也经历了世界意义上的现代化过程。来自西方的现代化理论使这种论断面临挑战,比如上文提到的,西方有学者就不认可中国这个"文明"国家的现代身份。在林尚立教授看来,西方学者其实有种矛盾的心态,既认可中国的特殊性,也希望中国按照西方的逻辑走,既认可中国的现代化国家建设比较成功,又认为中国还不是一个标准的现代化国家,存在很大变数。"这种矛盾的形态多少也影响了中国人的自我认知与判断,使中国人对自身国家转型与现代化建设的实践道路和发展模式缺乏足够信心,从而导致人们无法在理论上有效地为今天中国成功的实践和发展提供必要的合法性与合理性支撑。"[3]他认为,中国经历了多次模式化的实践,终于找到了自己应有的方向和路径。"它至少能够给丰富多彩的当今世界贡献一种新的文明发展景象,即在前现代历史中创造了独特文明成就、形成独特发展模式、建构了特别强大国家的中国,在现代化的历史运动中,实现了整体转型与整体发展,并以自己独特的方式,再造一个新的文明辉煌,贡献一套新的发展形态、制度形态和理论形态。"[4]无疑,这种说法和前两位的异曲同工,表达了一样的理论方向和现实关怀。

总的来讲,笔者认为张维为的论著所反映的理论有以下三个特点。

---

[1] 张维为:《文明型国家》,上海人民出版社2017年版,第1—3页。
[2] 杨光斌:《中国政治认识论》,中国社会科学出版社2018年版,第2—3页。
[3] 林尚立:《当代中国政治——基础与发展》,中国大百科全书出版社2017年版,第14页。
[4] 林尚立:《当代中国政治——基础与发展》,中国大百科全书出版社2017年版,第16页。

首先是它的创新性。从文献的梳理来看，由于中国的现代化道路和西方不同，上文所提到的"中国特色社会主义""文明型国家""中国模式"等理论其实在学术界已经讨论多年，只不过在某些方面一直没有形成统一的认识。之所以张维为论著中的这些理论再次引起关注和讨论，一是有国家政策导向的背景，二是它的话语表述方式发生了变化。比如，论著的名称和传统的学术专著不同，专业名词被通俗的形容词替代。在论证过程中，也是通过个人的具体经历、经验描述、叙述展开从实践到理论的分析推导，而不是从更普遍的实践到理论，再从理论到理论的辨析中进行推导。这样的推理过程，在学术界看来系统性、逻辑性较弱，但对普通的阅读者来讲，可读性比较强。另外，每一部论著内容的各部分之间相对独立，或者是单独成篇的文章，这使得整个论著的风格也和理论性著作有所区别，像散文集一样，可以使读者有持续的阅读兴趣。这样严肃的论题、通俗的表述、灵活的结构基本上重构了一种评论话语体系。当然在性质上，并没有超出当前政治话语秩序的范畴。

其次是它的开放性。前文谈到张维为的多重身份使他的论著具有多重色彩。基于社会系统论，体现了政治系统的开放与政治系统、媒介系统、知识系统的交叉融合。评论作为特殊的媒介信息，在现代社会虽然是通过媒介系统流动传播的，但它主要产生于政治系统和知识系统。其中，政治系统由于它的权力属性和公共属性处于核心地位，信息的流向也主要受它影响。而评论和知识系统的交叉，既可能强化评论的权威性，也可能使它的权威性受到影响。对于政治系统而言，评论的功能在于应对环境的变化和建立良好的秩序。在我国，政治系统、媒介系统和知识系统深度融合。张维为的论著通过话语体系创新很好地在各系统之间建立了联系，并通过特定话题的讨论加速了信息的流动、反馈。无论是支持还是反对，都会提高公众对特定议题的关注度，影响到公众对特定政治现象、政治理论的认知和理解。随着时间的推移和探讨的深入，势必会在政治话语和政治实践层面发生变化。

最后是它的实用性。张维为的论著记录了他在国内外的多次演讲、研讨、辩论，还有相关文章发表在西方的主流刊物上。这表明，他不仅通过实践总结经验并上升到理论，还用这些理论来和西方学界进行直接对话，体现了较鲜明的实用性色彩。比如，对于政治体制好不好，就采用了邓小平的三个标准。对国际共有问题的比较，选取了贫富差距问题、腐败问题和生态环境问题三个指标。对于中西民主制度的对比，他既可以用中国的民主集中制、选贤任能等概念和理论，还可以利用美国林肯的民享、民有、民治等说法，以及良政劣政的治理理论。在微观上，他对中美经济实力的比较用了另一个指标系统，如家庭净资产和人均预期寿命。还有替换 GDP 的新的社会系数指标，即中位家庭净资产、人均预期寿命、社会治安的水准、对国家对自己的前途是否乐观。还有他对走过的 15 个国家进行对比使用的指标，即闲人、贫民窟、书店、军人、计程车、治安、排队。总的来讲，这些对比既有抽象的理论性的指标体系，也有具体的生活化的指标体系。这样就可以照顾到不同类型的读者，特别是普通的读者也可以从这些对比中得出相应的结论。

第二节　话语创新

当前，评论节目的话语创新既包括上文的理论话语创新，还包括用以传播这些理论媒介话语的创新。前者是基础，后者是关键。没有理论的创新，媒介话语的创新常常流于形式，传播效果也流于表面，无法达到传播目的。而没有媒介话语的创新，理论创新将束之高阁，囿于特定人群，无法实现党和国家的发展和宣传战略。因此，当前比较优秀的评论节目，通常能将理论话语、媒介话语和官方话语很好地结合，并最终通过媒介话语实现体系化创新升级。下面将继续通过《这就是中国》这档评论节目进行阐述。

一、节目话语的基本特点

2019 年开播的《这就是中国》截至 2022 年 5 月共播出 140 余期。每期时长在 40～50 分钟。固定主持人为何婕，毕业于复旦大学新闻系，是东方卫视多档节目的主持人，有编辑、记者经历。主讲嘉宾为张维为，复旦大学中国研究院院长。参与节目的嘉宾主要来自高校、智库，大都是复旦大学、北京大学、中国人民大学、同济大学等高校的学者。2020 年，新冠疫情期间的节目还邀请了天津中医药大学的张伯礼教授等。现场的观众主要由高校学生组成。

《这就是中国》作为一档评论节目,形式上是通过主持人的串联,由嘉宾演讲、嘉宾讨论、嘉宾与观众互动等环节依次完成。在内容上则完全由评论话语构成,基本可以看作文字评论的视听化展开。文字评论的优势依然是电视评论需要遵循的规则,比如它的逻辑性、严谨性、科学性等。同时,为了吸引受众,栏目在视听语言方面做了大胆的尝试,比如借鉴"真人秀"节目的制作手段,在音乐、色彩、拍摄剪辑技巧等方面对影视化手段的借鉴。根据前文关于评论视觉化的论述,这里从视听语言的另一个角度对这个栏目的特点进行如下分析。

(一)话语的具象化

"具象化"在艺术学领域也可称为"形象化",是"艺术家用来把握现实和表达思想情感的方法"[①],这里所说的"具象化",指的是评论语言不仅可视可听,还可以将语言和发声者结合进行观察分析。文字语言作为一种符号语言,是人类创造的一套体外化的语言体系。它的出现意味着信息可以脱离人的身体而存在。它的优点是不仅可以表征具体的事物,还可以表征抽象复杂的事物。当文字和特定载体结合后,就具有了记录、存储、远距离传输的条件,且可以在不断累积的基础上形成复杂的象征世界,并随着物质世界的发展而呈现出某种文明特质。比较而言,如果复杂的文字语言脱离物质载体,回到人的身体,成为一种生理功能,那么它将呈现另一种状态。比如,人们会把语言的内容、表达的方式与人的形象结合起来理解。相对而言,更具象的内容、简洁轻松的表达、比较好的外在形象更有利于信息的传递和接受。相反,更抽象的内容、更复杂的表达、不太容易被接受的外在形象通常不利于信息的传递和接收。张维为的文字评论原本便具有具象化、通俗化的特点。而当评论视觉化以后,一方面是需要将抽象理论尽量处理得通俗易懂,或者通过特定的形式化解复杂内容,如通过对话、讨论等方式使特定内容"动"起来;另一方面是所有参与该节目的,包括主持人、嘉宾、观众,他们的个人形象,如外表、声音、肢体语言等就成为另一个需要关注的重要因素。目前,总体来看,该节目的热度说明其内容、表达和形象三个方面都发挥了特定作用。主持人、主讲嘉宾和邀请的嘉宾基本上都具有丰富的媒体经验,有良好的电视形象,在镜头面前表现自然、表达流畅、举止得体。如张维为开场向观众致

---

① 朱立元:《艺术美学辞典》,上海辞书出版社2012年版,第224页。

意的动作就带有古代中国的礼仪特征。

（二）话语的空间化

空间与时间相对，时间强调序列性，空间则强调一种立体的、社会的，同样也是时间的一种状态。自19世纪以来，空间问题就在多个学科受到关注。20世纪后期最著名的空间理论是由法国人列斐伏尔提出的。他认为"空间是社会的产物"，即空间具有社会属性。"空间并不是某种与意识形态和政治保持着遥远距离的科学对象。相反它永远是政治性和策略性的。"[①] 它的空间理论后来和叙事学相联系。最早对空间叙事进行研究的是西摩·查特曼的《故事与话语》，即"故事情节发展的维度是时间，但故事存在物的维度是空间"。从文学研究到影视研究，空间叙事的议题一直备受青睐。学者以空间为切入点，重点分析多样化的社会空间，及其在空间中展开的情节叙事。比如，物理空间、社会空间、精神空间的研究，还有延伸出来的底层空间、女性空间等研究。

借鉴空间理论及其在影视中的叙事研究，《这就是中国》这档栏目既可以被当作在特定时间段内，以视听语言的形式在二维空间中呈现的特定内容的叙事过程，也可以当作在立体的三维空间中展开的叙事过程。而每次空间的呈现和转换，都表征着特定的含义。具体来看，在这140多期节目当中，内容至少进行了3次以上的空间叙事及转换。在前40期里，节目开始阶段首先借鉴了传统"真人秀"节目的典型做法，即开辟出一个独立的叙事空间，将"策划组编前会"呈现出来。在这个空间里，观众可以看到节目策划者、主持人何婕、主讲嘉宾张维为如何策划讨论该期节目内容，并理解该期节目制作的目的和意义。和正式节目中相对严肃的、程式化的、理论化的叙事不同，在这个空间里所有人的表现既有严肃的一面也有轻松的一面，叙事过程表现得张弛有度，展现出"真"的一面。第40期以后，"策划组编前会"这一环节被取消。节目一开始即进入一个类圆形的空间，也就是演播厅。它的面积不大，现场观众基本都可以在主讲嘉宾的视野范围内。这个空间又随着节目的进程或叙事的展开分为三个叙事空间。一是主讲嘉宾张维为在演讲时呈现的空间叙事形态，表现为一对多的宣讲模式；二是张维为演讲完，与主持人或邀请的嘉宾进行的圆桌讨论；三是圆桌讨论结束后，嘉宾和现场观众

---

① ［法］亨利·列斐伏尔：《空间政治学的反思》，陈志梧译，上海教育出版社2003年版，第62页。

的对话。这三个空间通过视听语言，特别是镜头的运用，前后相连，从演讲到讨论再到对话，使文字语言的评论在特定空间中鲜活生动地展现出来。

此外，在特殊的时间节点，比如在庆祝中国共产党成立100周年的时候，节目是在复旦大学的礼堂进行录制的。由于空间获得了扩展，所以叙事也体现出宏大的一面。同时，由于有了高处的讲台和低处的观众席的区分和距离差异，以及圆形改为长方形的剧场形态变化，叙事的宣讲性特点也就更明显。另外，新冠疫情期间，该节目还采取了"云"录制的方式。主持人在演播厅，嘉宾在各自的家里或工作场所进行"云"讲演和"云"讨论。这样一来，原本同一个叙事空间就被分解开，通过技术手段进行的聚合虽然完成了评论的叙事过程，但由于缺乏现场感、面对面的互动等，使得节目的空间叙事流于平面化，电视视听语言的特点没有发挥出来。

总的来讲，电视的视听传播特别适合于空间的呈现，这是电视区别于文字的显著特征。空间本身可以表征特定的含义，因此当评论的内容能很好地契合空间的表现时，整个论证过程会更有表现力或感染力。在大约40分钟的节目时间里，原先的"策划组编前会"是在一个独立的空间中完成的。笔者认为，虽然它的"真人秀"做法能够拉近和观众的距离，但或许由于在我国，政治议题的严肃性和娱乐化的电视表现手法有一定的冲突，所以后期去掉了这个环节，虽然在某种程度上降低了它的"趣味性"或者对政治现象的某种"揭秘性"，但提升了整个节目的完整性。应该说，《这就是中国》开创了一种电视评论空间设计的新形态。一是圆形的、紧凑的节目空间设计，既适合小型的演讲，也适合小范围的讨论和交流。距离近意味着可以深入地探讨某些问题，形似古希腊时期的议事或辩论场所，或现代一些西方国家的政治议事场所。二是多个空间的组合呈现出评论的相应结构，使评论不仅逻辑上连贯且更具观赏性。比如，演讲环节是主讲嘉宾提出观点，圆桌讨论则是针对议题既提供了论据也强化了论证，现场问答环节则是继续扩大论证范围。

（三）话语的艺术化

虽然都属于视听媒介，但相较于电影，学者对电视的艺术性研究相对滞后，反而对它的娱乐性关注有加。尽管如此，还是有学者认为电视可以划归到艺术范畴。"就存在形态而言，电视艺术属于时空综合艺术，从审美接受方式来看，它属

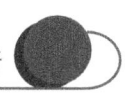

于视听综合艺术；就文化形态来说，它属于大众文化时代的视觉艺术形态。"① 从视听角度看，"电视艺术具有视觉艺术、听觉艺术和语言艺术的优势，能充分调动观众的想象力。它既可以使观众欣赏到画面的美，又使观众感受到声音的美"②。

电视评论通常很难和电视艺术的"美"联系起来，原因在于评论和具体的公共事物紧密相连甚至还有尖锐的矛盾、斗争或战争，且抽象和严肃的评论需要思维的深度参与。因此，审美的思维确实很难调动起来。而如果要激发或调动这种情感，则需要发挥电视的特长，从其声、画要素及其组合形态上下功夫。对于《这就是中国》这档栏目而言，它在视觉上的色彩和听觉上的音乐的使用值得关注。

首先，该节目以红色和蓝色为主色调，通过灯光的造型，使两种颜色呈现出不同的样态。在140多期的节目中，它的整体以红蓝为主的色彩只进行了一次风格变化。在前期，整个演播厅以红色和红色的渐变色为主。背景的红色幕布并未凸显，而是通过它前面的间隔设置、前后有一定距离的从上到下纵列的数个长条形平面装饰图案及其红色渐变的灯光来烘托整个节目气氛。这种背景设置具有很强的视觉纵深感，长条的平面装饰图案像宏大建筑物当中的柱子的设计。由于前期的现场观众较多，所以红色等暖色调的应用使得现场显得更为热烈。留给主持人和主讲嘉宾的空间较小。在主持人的主持环节和嘉宾演讲环节主要是局部布光，背景较暗，前景亮，有很好的形塑作用。人物立体，细节突出，画面清晰度高。整个演播厅也是局部布光，明暗间隔，热烈而不失冷静。第60期以后，受到新冠疫情的影响，现场观众人数减少，座位变成了半圆形的沙发，观众间隔而坐。演讲空间和圆桌讨论空间增大。演播厅整体还是以红色调为主，但风格变得简约。背景红色幕布通过灯光显现出来，但不是全部，而是按特定规律以斜向的方式呈现。前方原本纵列的长条形平面装饰物改为横向间隔排列，图案也由写意图形改为长城、故宫、石狮等中国传统文化标识物，且是以蓝色光线来造型的。总的来讲，这档节目通过电视画面所呈现的色彩和风格有很强的设计感，也有一定的审美特性。从观众的角度看，中国红和蓝色的组合既不失热情也不失冷静。局部的和间隔的灯光和装饰物设计，使得空间具有纵深感和韵律感。特别是灯光的造型

---

① 王贤波：《当代电视艺术的视觉性思维》，中山大学出版社2019年版，第21页。
② 李康、李思嫡：《电视导演基础》，中国广播影视出版社2016年版，第12页。

作用体现得非常明显，使人物形象立体，像雕塑一样，赋予人特定的性格和情感。较之于大场景《中国正在说》的宏大设计，这个节目对细节的把控使人印象深刻。

其次，节目的配乐以舒缓的钢琴曲为主，配合以嘉宾娓娓道来的演讲风格与平心静气的讨论方式，使整个节目的格调轻松愉悦。具体来说，《这就是中国》的配乐分为以下三个部分：第一部分是节目标识和宣传语出现时的配乐。比如，开头节目logo"这就是中国"的出现，是以一小节钢琴重音相配合的。随后有3秒左右的宣传语，即男声重音的"这就是中国，听张维为说"，图像是张维为的形象图片和典型的中国建筑图片，背景则是一组高调值的组合乐器音乐。第二部分是节目开头的内容剪辑片段，时长大约为25秒。开头以钢琴重音进入，然后是舒缓的小提琴音乐，并随着内容会有一定的旋律起伏，给人一种澎湃、奋进而不失理性的感觉。第三部分是节目主体内容的配乐。在整个40分钟左右的节目中，基本都有背景音乐，主要是以钢琴和小提琴为主，节奏舒缓，音调较低，没有喧宾夺主，和主持人、嘉宾及现场观众的声音比较契合。

在电视的配乐中，钢琴的使用较符合叙述性的画面，"这类乐器演奏的乐曲清新、淡雅，即使控制在微弱的音量下，也能保持优美的旋律，起到衬托作用"①。小提琴等乐器适合表现具有人文情感的画面，"这类乐器音色接近人声，演奏出的乐曲感情深切、强烈，能抒发人的心声情意"②。这两种乐器的音乐作为背景，使得传统较"硬"的评论节目变得柔软。舒缓音乐诉之于听觉，让观众在某种程度上不是在参与讨论而是在欣赏"演出"或倾听"故事"。总的来说，三个部分的音乐风格统一，节奏旋律与内容配合度高，非常好地与节目的类型和宗旨融合在一起。

所以，"讲好中国故事"，不仅在于"故事"的内容，还在于如何"讲"。电视评论节目的制作与传播要发挥视听语言的特点，不仅要在看上下功夫，还要在听上下功夫。以往的评论节目把评论看作正反观点的激烈交锋，因此一般添加音乐或者音效来烘托这种激烈的交锋。这虽然能成功激发观众的观看和参与欲望，但也使观众的大脑处于高度兴奋、紧张的状态，往往会让观众的注意力集中在评论的结果和结论上，而不是它的评论过程。从短期宣传的角度看，这似乎无可厚非，因为它的目的在于支持或反对某种观点。但从长期的宣传或为了普及一种理

---

①② 张晓梅：《电视音乐音响》，北京理工大学出版社2019年版，第82页。

论，或建构一种话语体系的角度看，它的效果并不好。因此，当前出现的很多评论节目，开始采取一种"讲""论"结合的方式对某个论题进行评论，而不是单纯地进行评论。"入脑""入心"是个长期的过程，不是一朝一夕可以完成的。电视音乐可以很好地发挥它的作用。

最后，镜头画面的构图、景别、剪辑具有影视化的特点，并与色彩、音乐共同形成节目的视听艺术风格。

对于构图，"就是将被拍摄主体及各部分造型元素进行有机组合配置，形成具有视觉美感的电视画面的创作活动"①。电视的构图是静态画面与动态画面相结合的创作和设计过程。在该节目中，为了突出主讲嘉宾张维为的主体地位，他的形象无论是在静态画面还是动态画面中都是居于画面的几何中心或黄金分割点，或它们的附近位置。同时，在节目中，还会通过光线的引导突出主体，或通过前景、背景的设置突出主体。在开场和讨论环节的大场景中，观众是作为前景和背景出现的，张维为和主持人同时处在画面的中心或黄金分割位置，利用现场灯光，更加突出了他们的主体地位。

景别是构图的重要方面。为了突出张维为及主持人和其他嘉宾的主体地位，该节目在景别设计上也颇具创新意识。比如，远景、全景的运用很好地反映了节目的整体环境，使观众能对现场一览无余，对所有的现场参与者都可以进行全方位的观察。而且，在开场的运动镜头中，是从俯拍的远景推进到现场全景，再推到近景。时间上，定格画面正好是何婕、张维为走到演播厅中央。另外，对张维为的镜头设计也是全方位的。有俯拍的前景，也有仰拍的背面镜头，还有侧面的镜头、特写的面部镜头等。这些镜头同样也出现在主持人、嘉宾和观众的景别设计中，只是数量上相对较少。这种多镜头景别组合的设计应该是借鉴近年来"真人秀"节目中大规模使用摄像机进行制作的优点。从镜头性质上讲，客观镜头的大量出现也营造了评论节目不一样的风格。

剪辑是根据节目编导的意图，"对镜头进行选择和组接，再按照一定的逻辑顺序组合的过程"②，应该说，如何剪辑或剪辑的风格是该节目风格形成的最终成因。《这就是中国》这档栏目的剪辑特点具有很强的运动性，表现在：一是运动

---

① 黄慕雄、林秀瑜：《电视节目制作（第二版）》，暨南大学出版社2018年版，第102页。
② 李停战、周炜：《数字影视剪辑艺术与实践》，中国广播电视出版社2006年版，第19页。

镜头较多，推拉摇移的镜头时有出现，即使是静态的图片也做了动态处理；二是镜头数量多，每5~10秒就会切换镜头。另外，对慢镜头的组接、对特写镜头的使用，都凸显了影视化创作的特点。特别是慢镜头的出现，不仅可以看到人物神态、动作的细部特征，还使节目的节奏慢下来，使观众在思维上有了放松的机会，也看到了别样的"风景"。

二、节目话语创新的案例分析

《这就是中国》的话语创新不仅涉及上文提到的具象化、空间化、艺术化的特点，它还是一个更复杂的涉及多种话语的体系化的创新演绎过程。电视话语是表象，它内在地综合了官方的、学术的、媒介的话语内容和表现形态。正如麦克卢汉所说，媒介即讯息。电视这种媒介技术在不断发展，它所引发的电视传播内容的形态也在发生变化。

（一）借鉴电视"真人秀"的话语体系创新

所谓电视"真人秀"节目，一般指的是一类综艺节目，它"融合了纪录片求真的特点，融合了电视剧对叙事的需求，还融合了电视综艺节目对游戏环节的设置和娱乐的功能"[①]。以流行的"真人秀"方式讨论中国政治、国际政治，在以往确实难以想象。虽然如上文所说，《这就是中国》节目只在前40期中使用了"真人秀"的方式对"策划组编前会"进行了包装播出，但这种尝试确实创新了一种评论话语模式，发挥了特定的作用。

以第一期《弹指一挥间：中国全方位崛起》为例。

节目开始首先是一段30秒左右的宣传片或先导片。

画面：粉底和白色字体的节目标识"这就是中国"一闪而过后，一个俯拍镜头中，张维为走过一段光影斑驳的通往演播厅的路。随后镜头切换到演播厅全景，张维为和主持人何婕先后走入。下一个镜头中，前景是左右两个摄像机的剪影，中间是张维为，背景是现场的粉色背景板和白色字体的"这就是中国"。然后是几个张维为的演讲片段。

张维为："绝大多数的中国人，当时生活在贫困线。一辆汽车、一架飞机都造

---
① 周文：《电视艺术概论》，中国传媒大学出版社2017年版，第167页。

不出来。中国今天的利益已经覆盖全世界了,你还不敢站出来捍卫自己的利益,谁来捍卫你的利益。"

宣传语:"这就是中国,听张维为说。"

画面:科技、建筑等画面。

画面:张维为坐在休息室的沙发上。

张维为:"我随便,最左的最右的我们都可以沟通。民主、自由、人权,所谓媒体控制、互联网管控都可以谈,有什么不能谈的。我是学政治学的,我是研究政治的,后来又直接给中国最高的领导人做翻译。我老说,谈任何问题,你的研究要经得起人家的质疑。"

画面:张维为在演播厅做演讲准备。演播厅镜头、观众进场镜头等。

画面:一个男观众,背景是演播厅散场后的场景。

男观众:"特别明显的一个感觉,就是我们对外的一个态度,要强势很多。"

何婕:"他在用很温和的方式、理性的方式,在表达他的观点。他的人我看也是这样。我觉得这一点特别棒。"

画面:何婕和张维为在节目中交流。和她一个单独对镜头说话的场景。

随后是主持人何婕与张维为相对而坐的对话画面。

何婕:"您这个书是一边走一边写的,一边在记录吗?"

张维为:"我是有记日记的习惯。后来我写博士论文的时候,我在回顾当时在中国,中国领导人跟外宾谈改革开放,所以就形成了'中国道路'。实际上是对中国自己整套做法的思考。"

画面:穿插节目场景的几个画面。

何婕:"我看到青林站在这里。"

画面:一个穿蓝色毛衣的年轻男子走过来,蹲在张维为和何婕的旁边,给张维为看平板电脑上的内容。

男子:"这是我们第一集之前开的编前会的内容。"

何婕:"是策划组的编前会吗?"

男子:"是的。"

画面:一分为二。一边是他们三个看视频的画面,一边是视频中"策划组编前会"的画面。

张维为："哦，洪林。"

何婕："他们都是您的学生，您都给他们讲过课。"

张维为："对。"

画面：策划组编前会。类似一个小的阅览室，有书架、绿植等。一个男子出现。

字幕：洪林，国广首席国际时事评论员。

洪林：孟晚舟这个事情出来以后，就是各种声音，分析评论都有。有的说就按照美加的法律嘛，包括华为自己都说了，相信美加的法律会给她公正。但是你要看外交部的发声，实际上就是四个字，立即放人。

画面：另一个男子。

字幕：马泽晨，春秋研究院研究员。

马泽晨："她这个事，加拿大本身不是一个主要角色了，这个后边背后谁指使，其实大家都明白。"

画面：一分为二，左边是策划会场景，右边是何婕看视频。一个女士出现。

女子："是一个5G的问题。"

洪林："你即便为了打倒这个5G的巨人，也是用了一个最蠢的办法。"

画面：出现一男一女两个人。男子说话。

字幕：叶青林，中国研究院特邀研究员（前面拿视频给张维为和何婕看的男子）。

叶青林："比如说我自己，就特别受不了有些教授说，我们现在得先屈服投降。有些核心技术，不是每个国家都必须掌握的。"

画面：一个短发女士。

字幕：王珊珊，环球资讯广播副总监。

王珊珊："我先把枪缴出来。"

马泽晨："谁告诉你缴枪就不杀了。"

画面：两个画面，左边是叶青林拿视频给张维为看，右边是马泽晨。

马泽晨："缴枪是你干的事，不杀是对面决定的事情。"

洪林："缴枪不杀只有八路军做得到。"

马泽晨："对，你缴枪，他该杀还是要杀的。"

洪林："只有我们才优待俘虏。"

画面：一个女子。

字幕：骆珺，新华社编辑。

骆珺："他可能这几十年来，都是仰望着彼岸的世界。然后觉得非常美好。突然一下发现事实不是这样的。他就逃避回去，觉得不能接受这个现实，觉得你们都是错的。"

洪林："你之所以三番五次能看到这些教授（的文章），说明我们相当自信。不怕这个舆论来迷惑我们老百姓。"

叶青林："中美贸易的摩擦已经一年了，一开始（大家）心里其实是特别不确定的。"

画面：左边是张维为看平板电脑视频，右边是策划会。

叶青林："这次从中国老百姓到政府到华为自己的反应，我觉得一方面是提高了很大的一个民族自豪感，原来华为已经活成了让你害怕的样子了。"

骆珺："把这个问题讲清楚特别有必要，因为一直有人在说，说中国其实应该继续隐藏自己的锋芒。"

叶青林："但是我觉得已经到了你没有办法去避这个锋芒了，你都站在那儿了，我怎么藏？"

骆珺："就像一个房间里的大象。"

马泽晨："不要这么说。它不是房间里大象的问题。也就是说，其实很多的事情能有很多种处理方式。我变强以后，我可以拉着你咱们一块走，共同走向更高的富裕这个阶段。比如说强强联合，这是一种方式。"

王珊珊："而且我们这么一路走过来，是共赢过来的。就像张老师说的，我们为什么真的相信，不是去宣扬，是我们真的相信能共赢。"

画面：左边是张维为看平板电脑视频，右边是策划会。

叶青林："但是我觉得张老师可能还要说清楚，这个问题的解决方案是什么？"

画面：之前张维为、何婕、叶青林三人看平板电脑策划会视频。

何婕："所以青林最后其实还是带着一个疑问。"

叶青林："是的，是的。"

张维为："我回答你。"

画面：三个人笑着说。张维为拍了拍叶青林的肩膀。

何婕："那等张老师回答。"

随后还有一段10秒钟左右的宣传片，是慢镜头呈现的几个张维为现场演讲的画面。配以张维为的声音，"不同观点可以互相讨论辩论，我们一点儿都不害怕竞争。中国人，你要自信"。

这期节目总时长大概有45分钟，这部分先导内容有4分50秒左右，只占整个节目时长的十分之一。因此，从时长来看，它只是在制作手段上借鉴了"真人秀"的做法，并没有像"真人秀"那样将这部分作为一个重要的组成部分。基于话语的视角，对电视评论做这样的创新，可以看出它有以下三个特点。

第一，话语结构的创新。传统的电视评论话语结构非常简单，通常就是主持人和特邀嘉宾围绕特定议题的对话。而这个节目的处理方式，首先是在结构上进行了扩充，从两个人的讨论结构变成了多人的讨论结构。从一个话语空间，拓展到多个话语空间。通过电视的剪辑手段，将几个空间进行了有机的串联。比如，该期节目中，中国研究院叶青林的出现，就将多个场景进行了衔接。

另外，结构的变化还体现在多种角色形成的对话结构。比如，从主持人、嘉宾，拓展到节目的策划人。而策划人又由五个人组成：两位女士，三位男士。其中，三人来自媒体机构，分别是：王珊珊，来自环球资讯；骆珺，来自新华社；洪林，来自中国国际广播电台。两人来自研究机构，即：马泽晨，春秋研究院；叶青林，中国研究院。整个讨论过程由洪林引入华为孟晚舟的话题，再由叶青林串联到张维为。总的来看，女士说话较少，但起到了很好的话题过渡作用。比如，王珊珊提到的"5G""缴枪不杀"，骆珺提到的"隐藏锋芒""房间里的大象"等。男士谈论较多，基本起到了将话题引向深入的作用。同时，他们又可以代表两种话语体系的融合，即研究机构的学术话语和媒体的媒介话语的融合。

在这部分，张维为有两个角色，一个是被采访者，另一个是主体的宣传形象。它在话语结构中处于主体性地位。

第二，话语内容的创新。这期节目的主题是"弹指一挥间：中国全方位崛起"，即如何理解中国的崛起，以何种心态去面对中国的崛起。先导片的作用是导入这个话题。为此，它从以下三个方面进行了导入。

一是张维为的自述。比如，他在宣传片中说，"中国今天的利益已经覆盖全世界了，你还不敢站出来捍卫自己的利益，谁来捍卫你的利益"。

二是"策划组编前会"的讨论。在短暂的4分钟时间里，策划组讨论的内容都涉及重大的时事和理论问题，但都是在用相对平和或者"调侃"的语气来讲述。比如，洪林引入的话题就涉及近几年中美贸易争端。华为公司副董事长、CFO（首席财务官）孟晚舟正是在这种背景下，在 2018 年 12 月 1 日被加拿大非法逮捕，并引发中、美、加在外交等多个层面的直接交锋，举世瞩目。针对这个事件，策划组讨论了国内的两种反应。一种是"投降"派，即华为认罪，并退出这个领域。另一种就是"斗争"派，即认为投降也不会换来尊重，因为对方的意图并不仅仅是华为，而是要遏制中国的崛起。由此还牵涉出以下两个重大问题：其一，我们对西方的认知和理解是否有误。其二，我们是否要重新审视或者调整曾经的对外关系的一些原则，如 20 世纪 80 年代领导人提出的"韬光养晦"的政策。骆珺的"继续隐藏自己的锋芒"，说的就是这个意思。

　　三是其他关联性的内容。在先导片中，有些内容并不直接涉及主题讨论，但从另一个方面支撑了主题和张维为的主体角色。例如，节目借鉴综艺"真人秀"的做法，采访了现场观众。有一位观众的表述简短但非常直接。他认为这个节目展示了对外的一种态度，而且是强势的态度。这和节目本身的宗旨和所要达到的效果有一定的偏差。或许是为了调和这种倾向，主持人何婕在评价张维为的演讲内容或风格的时候，用的是温和、理性这样的词汇。笔者认为，这从某种程度上体现了该节目在风格上试图有所突破，但又希望能在特定范围内。稍显遗憾的是，这个环节仅仅采访了一位观众，何婕的评价次数也很有限。如果再多采访几位观众，更多地了解观众的感受和评价，应该会使这个节目有更大的看点。

　　除此之外，就是该节目利用电视传播的特点，利用剪辑等手段，将特定内容进行并列、连接、凸显等。比如，将屏幕一分为二，观众在看策划组编前会的同时还能看到张维为、何婕等人"看策划会视频"的表情和话语。这种处理方式丰富了话语的内容，是典型的"真人秀"做法，极富想象力。

　　第三，话语规则的变化和由此产生的话语创新。从上文可以看出，在这部分先导片或宣传片的内容中，电视评论的特点并没有很明显地体现出来。既看不到明显的论题，也看不到严谨的论证。只是用一种电视化的传播手段，通过几个场景，引出了本期的主持人、主讲嘉宾和"宣传语"。但是观众确实也捕捉到了节目有中美贸易争端、孟晚舟事件、国家对外政策变化等这样有重要内涵的词汇。因此，也能感觉到评论的某些特点。那么节目为什么要进行这样的处理呢？一是前文所说的借鉴"真人秀"的做法,突出电视的传播特点,吸引受众的注意力;二是通过话语规则的变化,将学术话语、官方话语和媒介话语进行融合处理。特别是将理论化的学术话语和政策性的官方话语向大众化的媒介话语转化。这种转化是基于以下条件展开的:一是节目参与者的身份。洪林、王珊珊、骆珺和何婕是媒体人身份,张维为、叶青林和马泽晨是学者身份。由于中国媒体和研究机构的属性,从某种程度上讲,他们都有一定的官方身份。二是节目的播出平台,即东方卫视是在国内、国际都有一定影响力的官方媒体机构。同时,无论是在技术上,还是在市场竞争力上,都处在国内前列。

该节目对三种话语体系的融合,最终目的是实现新的媒介话语体系的建构。为此,一是要降低学术性话语的理论性,二是使官方话语通俗化。在上文中,大量口语化的表述就是转化的基本方式。另外,作为主讲嘉宾,张维为做出了很好的表率。他在4分多钟的宣传片中没有讲任何理论,只是在和主持人、策划组成员进行一般的谈话,并用丰富的肢体语言来表达通俗易懂的含义等。

总的来讲,这部分先导片或宣传片突破了以往传统评论做法的创新之举。虽然它只存在40期,但已经很好地抓住了观众的收视心理,也找到了电视评论新的突破点。其根本性的改变在于它对新的评论话语体系的建构做出了努力;话语结构、话语内容、话语规则都有了创新和改变。当然,这种改变也面临一定的风险或弊端。比如,当严肃的理论被通俗化以后,它本身的论证力度也就减弱了。相应地,观众对它的重要性的认知可能会大打折扣。所以,它的作用还在于引导,核心的内容还是张维为的演讲部分。

(二)"演讲型"评论的话语体系创新

"作为公共生活的重要形式,政治演讲起源很早。原始部落之间征伐时,领袖鼓舞士气之言,就是政治演讲的滥觞。"① 随着传统政治向现代政治转化,政治演讲的作用愈加重要。特别是在西方国家,多党竞争的政治制度使得政治演讲成为获得选民支持、赢得选票的重要手段。19世纪以来,我国的政治演讲也受到西方政治的影响,特别是进入20世纪以后,为了救亡图存,争取民族独立,各种政治力量和进步势力在进行武装斗争的同时,也诉之于各种场合的政治演讲,以

---

① 曾一果、许静波:《中国传媒文化百年史》,南京师范大学出版社2018年版,第83页。

唤醒国民，获得民众支持，同仇敌忾，抵御外侮。新中国的成立使我国进入了新的政治发展阶段，由于和西方的竞争性政党制度不同，我国是中国共产党领导下的社会主义国家，中国共产党是唯一的执政党，其他政党是参政党，通过政治协商制度参与管理国家事务。因此，政治演讲较少出现，或者只出现在特定场合，而且是以领导人的演讲为主。改革开放以来，伴随着我国社会经济的不断发展、民主制度的不断完善、民众主体意识的不断成长、公共空间的不断拓展，特别是大众媒体、互联网、社交媒体的大力推动，演讲这种宣传和沟通方式开始从官方向学界、民间延展。如今，在大众媒体和互联网综艺中，演讲和其他歌舞竞演节目一样，属于舞台艺术的一个分支。典型的如中央电视台的《开讲啦》、北京卫视的《我是演说家》、安徽卫视的《超级演说家》、深圳卫视和凤凰网联合制作的《最强辩手》、中国日报等媒体联合主办的《向上的力量》等，甚至如《奇葩说》《吐槽大会》《脱口秀大会》等也有一定的演讲特点。除此之外，还有线上线下相结合的大型户外演讲，也通过互联网或传统媒体成为广受关注的公共事件。比如，罗振宇在每年的 12 月 31 日，通过深圳卫视和爱奇艺联合播出的公开演讲《时间的朋友》等。而观视频在 2019 年名为《答案》的演讲节目就出现了环球时报总编辑胡锡进、中国人民大学金灿荣、复旦大学中国研究院范勇鹏的政治演讲，活动全程在 bilibili 视频直播，同时在蜻蜓 FM 与喜马拉雅 App 上同步音频直播。此外，就是前文所说的东南卫视的《中国正在说》和本书所重点论述的《这就是中国》是典型的以政治为主题的电视演讲节目。

政治演讲和电视的结合由来已久。正如前文所述，20 世纪 50 年代，艾森豪威尔和肯尼迪在总统竞选中就通过电视进行了多种形式的政治演讲，由此开创了西方竞选的媒介化模式。类比于此后和当前的电视政治演讲，可以发现，演讲之所以能称为一个电视节目或制作成一种电视节目，是因为它在某种程度上和歌舞综艺一样，都是一种意见和情绪的表达，都具有很强的观赏性。当然，它也有一定的弊端，即电视的包装技术使演讲具有很强的表演性，会遮蔽某些东西。所以，好的评论节目应能较好地借助电视的传播特点，也需要很好地克服电视传播的缺陷。以下选取《这就是中国》第 58 期《探索新型民主》的演讲内容进行具体分析。为了详细了解该评论话语的特点，笔者进行了全文的文本记录。

张维为:"那么,今天我们想继续和大家来探讨一下中国人对人民民主的探索和实践。那么大家可能看过一个报道,一位美国女子,在上地铁,一不小心,她的腿被卡在地铁列车和站台的缝隙间,瞬间鲜血直流,她忍受着巨大的痛苦,同时她又哭着恳求路人千万不要叫救护车,她说那要花费3 000美元,'我'付不起。那么,国内有很多人抱怨,看病难、看病贵。有一位旅美的华人有感于此,他发了一个帖子,比较中美两国的医疗。他的口气带着一点儿调侃。他说,'我曾经认为,在美国自己每个月都付上千美元的医疗保险,那么有病就可以直接上医院了。如果需要做个化验,化验结果20分钟左右就可以拿到了,那么到医院走几步就可以拿上药的,万一心肌梗死叫辆救护车,自己是不会破产的。半夜吊盐水,是不用付过夜费的。自己生孩子的话,至少可以在医院住个两天吧。'他接着说,如果你敢这么认为的话,恭喜你,因为你可能生活在一个可以满足上述要求的国家,它叫中国,不是美国。那么这个帖子实际上还只涉及在美国买了医疗保险的人。美国还有很多人,没有任何医疗保险。

"2009年,当时的美国总统奥巴马想推出他的医保方案。当时美国有5 000万人没有医疗保险,也就是美国人口的1/6没有任何医疗保险,那么绝大部分属于美国的工薪阶层。这使美国处于一个十分尴尬的境地,它是西方国家中唯一没有实现全民医保的国家。如果我们追溯美国的历史,实际上从老罗斯福总统,就是我们的辛亥革命的时期,1912年左右的时候,他竞选总统的时候,曾说,'我们希望实现普遍的医保'。然后二次大战的时候,小罗斯福总统又提出来,后来肯尼迪总统、卡特总统、克林顿总统等,都提过希望办成这桩事情,但最后没有一个成功的。那么到奥巴马执政的时候,他下了个决心。他说要在美国实现全民医保,而且这应该是他总统任期内最重要的政绩,所以他推出了医改方案。但特朗普一上台,又把这个方案给废除了。那么也可以说,百年的美国梦,迄今还是圆不了。这不禁使人想起,古希腊神话中那位推着石头上山的西西弗斯。他的行为触犯了众神,众神就罚他把一块巨大的石头推上山顶。那石头太重了,他每每还未把石头推上山顶的时候,石头便滚下山去。然后他就一次、又一次、再一次地尝试。

"那么反观中国。我们也在不断地探索建立全民医保。这个过程当中,也走过一些弯路。但是2003年的时候,一场'非典'袭来,暴露出我们国家的卫生医疗体系方面太多的短板。后来中央就下决心,要加大政府的卫生投入,推进公

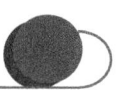

第三章 当前我国电视评论的话语创新

共卫生体系的建设。那么到2006年，中央就全面启动了一个新医改方案。提出要建立覆盖城乡所有居民的基本医疗卫生制度。到2011年，这个目标初步完成，然后在实践中不断地完善。国际医学界有个比较权威的杂志叫《柳叶刀》，2012年就载文高度肯定了中国医改的巨大成就。它是这样说的，中国在如此短的时间内就实现了医保基本全覆盖，过去中国一直想学别人的经验，今天看来，其他国家也可以学习中国的经验。

"那么中国医改的相对成功和美国医改的反复失败，很大程度上反映了，我叫作中国的'人民民主'，和美国的，我叫作'资本民主'，所产生的不同结果。那么习近平总书记把中国的人民民主称为维护人民根本利益的最广泛、最真实、最管用的民主。我觉得这三个形容词非常重要。这是很重要的中国标准，最广泛、最真实、最管用。我们可以用这个标准来比较人民民主和资本民主。

"那么所谓'最广泛''最真实''最管用'，首先就涉及一个国家的民主制度，如何才能真正地反映最广大人民的根本利益。我多次讲过，中国共产党是一个整体利益党，美国的政党是公开的部分利益党。那么从两个国家医改的过程，我们可以看到两种截然不同的政党制度带来的不同结果。在中国的人民民主模式下，是党政体制的各个相关部门通过走出去、请进来，开展大规模的调研，最后形成共识，拿出新医改的方案，提出近期目标，有效地减轻居民的医疗费用负担，切实缓解看病难、看病贵。而且确定了长远目标，就是建立健全覆盖城乡居民的基本医疗卫生制度。然后就从上到下、从下到上，一步一步地认真地付诸实践。

"我们再来看美国部分利益党模式是如何运作的。从一开始医改就陷入激烈的意识形态的争论。美国的政党、政客、议员都有意识地把意识形态偏好引入争论，经常把简单的政策问题变成一个政治立场、伦理道德的争论，变成水火不相容、你死我活的争论。比方说，全民医保变成了你要'强迫公民购买医保'，这就违反了美国宪法中的'个人选择自由'这条原则。确实，后来很多美国的州就以这个借口、这个名头向最高法院告奥巴马医改方案，说你是'违宪'的。

"那么一个民主制度是否能够最广泛、最真实、最管用，很大程度上取决于它是否能够以人民为中心。我还是以中美两国的医改为例来分析这个问题。实际上医改的利益攸关方很多，比方说在美国70%的医保是私营商业公司的保险公司提供的，那么奥巴马的医改方案意味着什么呢？即在私营医保之外，政府要向市场提供一个公共医保的选项,那么就出现了公私医保的竞争,所以立刻遭到了商业保险公司、私营保险公司的激烈反对。另外大家知道,美国商业保险公司一般是要求体检的,他们可以以已经存在的状况,比方说先天性的糖尿病等拒绝你的保险申请,这就是资本主义。那么奥巴马的医改方案想终止这种做法,但立刻引起了商业保险公司激烈的反对。

"中国也是,中国实际上也有各种利益集团和机构,比方医疗零售业,有数十万家零售药店,有近万家各种各样的制药厂家,也有不少商业保险公司,各种类型的医院,包括私立医院等。但从党和政府的角度来看,这些机构也是实现医疗全覆盖的利益攸关方。我们的改革方案也要认真听取他们的意见。但人民民主的模式特点是坚持以人民的整体利益为归依,同时兼顾各方的正当利益和利益诉求。然后通过广泛的调研、广泛的协商,最后尽量找到各方利益的汇合点。然后拿出一个大家都可以接受的方案,在执行过程中不断地完善。大概是这样的做法。那么中国的利益攸关方也可以通过各自的渠道,包括行业协会的报告,包括组织研讨会、座谈会,包括通过'两会'代表上书等,反映他们的看法和意见。但中国人民民主和美国资本民主最大的不同是,在中国利益攸关方不可能通过游说组织来阻挠改革进程,更不可能操纵中央最后的决策过程。而美国的医疗保险公司等利益团体可以通过赞助各种游说公司来影响国会议员的态度,来影响国会讨论问题的议程设置,甚至影响最后的相关决策。

"那么这里我还要补充一点,在中国,像医改这样的大问题,是在党的领导下,政府相关部门负责推动。在世界上多数的国家,实际上也是政府负责医保这一块的。但在美国这类事情都属于'立法问题和司法问题'。那么研究美国政治的人都知道,今天美国国家叫'治理的司法化',是美国民主制度的一个顽疾。'治理司法化'不仅意味着国家治理的成本非常之高,而且这个过程最容易被高度组织起来的各种利益集团所俘获。大家,我不知道是否知道,奥巴马的医改方案是个什么样的篇幅,有多少页,你们知道吗?2 000多页!那么,这还只是医改法案的本身,具体执行的方案有多少页,2万多页!为什么这么长,这很大程度上就是治理司法化带来的。英国学者斯泰恩·林根,他就讲过,他叫作'立法失控'。就盘根错节的各种利益集团竞相游说,使他们所代表的各种既得利益都要得到照顾,而且都要成为法规的一部分。结果法规条文越来越复杂,越来越冗长。那么对于律师来说，对会计师来说，对法庭来说，对他们各种各样的服务需求就越大，那么这些行业本身也是美国巨大的利益集团。所以奥巴马的医改方案被很多美国人诟病，一个重要原因就是这些方案如此之复杂，如此之难懂，实际操作中，光是律师的成本就不得了，就是天价。

"那么最后还有一点，就是民主制度能否是最广泛、最真实、最管用的，这还要看人民能否参与决策、参与立法，以及如何参与。那么大家知道，西方所谓的民主，一般是仅限于通过投票产生政府，产生政府领导人。绝大多数情况下它不涉及民众参与决策，或者参与立法，这就是熊彼特的理论，也是今天西方国家普遍接受的理论，人民的任务就是通过投票产生一个政府，但不直接拥有决定政治问题的权利。因为熊彼特认为古典学说中的'人民统治'是不现实的。那么我曾经在过去的一个讲座中，也在这里讲过，我引用当时美国普林斯顿大学和美国西北大学学者做的一项联合研究。这个研究比较了1981年到2002年这段时间里美国政府制定的1 800多项政策。报告得出的结论是，这些政策几乎都是由代表商业利益的特殊利益集团制定的。而基层民众组织和普通公民对决策的影响力几乎为零。如果后者与前者的利益发生冲突的话，后者是无能为力的。其实，并不是美国民众不想参与，不想影响决策，而是说，这些民众和高度组织起来的代表特殊利益的游说组织相比，他们的力量实在是太渺小了。

"那么中国政治学者王绍光曾经就中国医改决策程序和过程写过一本专著叫《中国式共识型决策》。他这本书总结了中国医改过程中如何对普通群众的意见进行归纳、进行汇集，如何对各种智库的意见进行归纳、进行汇集。还分析了各个利益团体的参与过程，以及最后政府相关部门如何整合，如何协调各种不同的意见。最后在2008年推出了《关于深化医药卫生体制改革的意见（征求意见稿）》，向全社会征求意见。短短10天内，一共收到各类建议和意见35 929项。2009年公布的版本、最后版本与2008年征求意见稿相比，一共修改了137个地方。实际上，这样的民主决策过程在中国比比皆是。上至党中央、全国人大，每年的'两会'，下至基层单位，许多决定都是经过几轮从群众中来、到群众中去的过程。正因为经过反复讨论和论证的过程，总体上我们多数决策的质量更高。这和美国这个小圈子里决策，然后雇用公关公司，向公众出售或者兜售他们的决定，英文叫作'sell to the public'形成了鲜明的对照。

"不久前,为了更好地了解中国民主决策和民主立法,我专门去了上海长宁区虹桥街道做了一些调研。为什么要去这个街道呢?因为它是全国人大常委会建在中国最基层的,叫'立法联系点'。这个点的做法很值得介绍,我是真的希望美国人来好好看一看、学一学,了解一下中国人民民主是如何运作的,这无疑是一种中国智慧和中国创新。中国有超大型的人口规模,如何才能使立法真正地反映人民的意志,这种建立基层立法联系点是一个很好的做法。也就是人大在立法的最初阶段,就把相关法律的草案拿到中国社会最基层,直接听取百姓的意见,听取基层专业人员的意见。我去调研之前看了一些材料,带着一些问题。"

画面:上海市长宁区人民政府虹桥街道办事处大门。

字幕:张维为在全国人大基层立法点进行调研。

工作人员(男):"《反家庭暴力法》。"

工作人员(女):"是,《反家庭暴力法》是在这边征集的第一部法律。当时我们就有两条意见是被直接采纳了。"

工作人员(女):"有了这个基层立法联系点,我们可以在家门口就提出对法律的意见和建议。"

张维为:"那么法律下来之后,它是这个法律,整个草案都咨询你们,还是就里面某些条款咨询你们的意见?"

画面:调研现场(下同)。

工作人员(男):"全部的。"

工作人员(女):"现在是全部的。"

张维为:"那如果你们看这东西,你们也搞不懂怎么办?你就要找专家了。"

工作人员(女):"对。"

张维为:"是蛮复杂的。这个法律的东西不是随便谁都能看懂的。"

工作人员(男):"它要分好几个了。有居民层次的,那么有法律层次的,还有专家层次的,还有司法单位。它分好几个组。"

工作人员(男):"我们一个法律,就要开三次以上的座谈会,不仅仅是一次。"

张维为:"就是一个法律的解读,它有好几个层面的解读。"

工作人员(男):"对,好几个层面。"

张维为:"解读之后,然后再来。"

工作人员（男）："对。"

画面：回到节目现场。

张维为："现在我向大家做一个简单的汇报。我的第一个问题是为什么人大、全国人大要把这个点设在上海，设在你们这个街道，而不是设在其他地方。街道党工委的同志跟我说，全国人大法工委其实在全国选了四个点，上海、江西、湖北、甘肃，是2015年做的决定。那么这些点大致可以反映中国东部、中部、西部不同类型的城乡状况。上海长宁区虹桥街道，可以说是中国发达板块大格局的一个缩影。它既有许多传统社区，也有许多大型的现代社区。商务功能比较发达，企业类型比较齐全，司法资源也比较丰富。街道的实有人口是8.74万，其中有1/4为境外人员，也就是2.2万人。所以我们的相关法律制定过程中，还听取了境外人士的意见。这在西方，我从来没有听说过。那么我的第二个问题就是，法律一般比较枯燥，法律文书有时候像天书一样，谁也看不懂，老百姓能够搞懂吗？老百姓真的有兴趣参与吗？而这个街道的做法就是他们把法律文书的语言一定要首先通过专业学者的帮助转化成群众能够听得懂的语言进行解释。那么人大常委会对他们有明确的要求，一定要听到最基层的声音，要把群众的意见原汁原味地反馈给人大常委会。群众讲的大白话，只要有价值，你们就要把它，把这些大白话汇集起来。我们要的就是原汁原味的东西，这就是最真实的民主。那么群众一旦搞懂了法律，他会很积极。他们对于自己的意见可以直达中央觉得非常自豪。当然这个街道也广泛听取基层各类相关专业人员的意见和建议。那么我的第三个问题是'立法联系点'是如何具体运作的。如何确保它不是一个花架子，而是真的能够反映基层意见的一种实体。那么这个联系点的运作方式，叫作'一体两翼'。所谓'一体'，就是街道党工委牵头，人民群众为主体。所谓'两翼'就是，一个叫顾问单位为一翼，顾问单位包括地方人大、地方法院等；另一翼就是街道专家，它叫作'人才库'，里边有学者、专家、律师等专业人员。街道组织了250多名的信息采集员，设立了80多个信息采集点。他们采用的工作方法叫作'一二三'。一指的就是街道。从人大法工委拿到法律草案以后，要提前一个星期送交给信息员，然后要帮助信息员掌握征求意见的要点，然后再由信息员去收集基层的各种反馈。二是要召开两种类型的座谈会。一类是普通老百姓的，普通群众的；另一类是相关专业业务人员的。每一类座谈会都要形成综合性的意见。三是每个法律草案的讨论至少要召开三场以上的座谈会。那么这是我问他们的三个问题。我的第四个问题是，我说到现在为止，也就是从2015年成立到今天，应该是4年了，你们一共经手处理了多少法律草案。他们告诉我，一共'受理'了30部法律草案。包括《反家庭暴力法（草案）》《慈善法（草案）》《民法总则（草案）》等。坦率地讲，这是一个很了不起的数字。那么我的第五个问题，最重要的问题就是，你们提出的意见管不管用。究竟有多少被上面采纳了，能不能举一些例子。他们跟我这样说的，说前后一共归纳整理各类意见480条，其中，他们特别自豪地告诉我，有25条被全国人大法工委不同程度地采纳了。我个人认为这是一个相当高的比例。

"他们给我举了一些非常生动的例子。比方说，《反家庭暴力法（草案）》。这个草案发下来之后，信息员马上联系各方，征求各方的意见。然后把各种信息汇总报告上去。老百姓的话都是很直白的。比方有一个市民说，现在的家暴不仅仅是老公打老婆，大人打小孩，还有子女打老人的。但现在这个文件里，通篇强调的都是对妇女儿童的保护，谁来管管我们这些老人。另外一个市民说，按照农村人的传统观念，妻子被打是家丑，再怎么样也不会告诉外人，那么在这种情况下，受害者本人或者近亲属申请保护令，怎么操作呢？这些意见我们都原汁原味地报上去了。最后人大通过的法律中，采纳了老百姓的意见，增加了反家暴法中对老年人权益的保护。关于谁可以申请保护令，也做了修订。原文写的是，只有受害者及其近亲属可以申请，现在它的范围扩大到了居委会、村委会等基层群团组织。还有一个很好的例子是《电子商务法（草案）》。因为中国电子商务现在是绝对引领整个世界潮流的。所以我想中国电子商务的相关法律未来可能会影响世界。那么这个街道的立法联系点反映了一个意见，说电子商务平台要履行好审查和监督的责任，一旦客户与商家发生纠纷，这个平台要能够提供商家的真实名称和地址。否则的话，客户有权向平台要求赔偿，这个意见也被采纳了。

"我简单归纳一下我刚才讲的。就是今天我们主要讲了两点，我用两个案例，一个是中美两国医改的比较，另一个是中国人大在上海虹桥街道建立的立法联系点，解释了中国人民民主的特点，而且和美国资本民主进行了对比。我得出的结论很简单，就是如果我们的人民民主最广泛、最真实、最管用，那么美国的资本民主就不那么广泛、不那么真实、不那么管用。至少许多情况下都是如此。很像我们每天新闻里看到美国发生的恶性枪击案，人死得越来越多，然后是点蜡烛，放一束花。政客呈无比悲痛的状态，媒体表示强烈的谴责。但美国的立法机构，美国国会永远无动于衷、我行我素。整个程序走完，第二天枪击案继续发生，而且愈演愈烈。在人民民主模式下，像这一类问题如此容易定性，如此容易解决。在资本民主下，100年都解决不了。我刚才又想象了一下，如果我们把奥巴马2 000多页的医改方案拿到上海虹桥街道立法联系点，来征求一下普通老百姓的意见。我可以想象，第一条意见大概就是，'哪能好嘎长呢，这不是欺负老百姓吗？'（上海话）。怎么能够这么长呢？这不是欺负老百姓吗？其实欺负老百姓不就是资本民主的最大特点吗？

"好，今天就和大家聊这些，谢谢大家。"

《探索新型民主》这期节目的演讲部分共23分钟左右，由张维为一个人主讲。讲话文本有7 000多字，相当于一篇小篇幅的论文。其中还插入了他到上海市长宁区虹桥街道办事处人大立法联系点的调研内容。严格来讲，它并不属于典型的政治演讲，因为涉及较多的知识性内容，且偏重事实性的论证，而不是抽象的辨析。同时，也不是特别注意语气、节奏的变化，所以相较于政治演讲，它的感染力较弱。但或许这就是它的创新之处，建构了一种新的政治演讲话语体系。和上文一样，笔者也从话语结构、话语内容和话语规则三个方面进行简要分析。

首先是话语结构的创新。典型的政治演讲一般都有鲜明的主题，有紧密的结构，有吸引人的内容，并通过简练的、有感染力的词汇和有节奏感的情感和情绪来阐明自己的观点，试图影响受众的情绪和行为。而节目中张维为的演讲虽然也有鲜明的主题，即"探索新型民主"，但结构上并不紧凑。他是以平和的语气，讲述了两个民主决策的案例。一个是关于中美医疗制度改革，另一个是关于中国立法基层联系点的运作方式。他运用的是一种比较研究的方法，贯穿着中美之间民主模式的对比。结论是中国的人民民主是最广泛、最真实、最管用的民主，而美国的民主是资本民主，不那么广泛、不那么真实、不那么管用，甚至"欺负老百姓就是资本民主最大的特点"。

对于第一个问题，即中美民主的比较，他是用广泛、真实和管用这个"中国标准"进行对比分析的。具体分为以下三个方面：一是民主制度是否能反映最广大人民的利益；二是是否能够以人民为中心；三是人民是否能够参与决策和如何参与。

对于第二个问题，即中国的民主立法，他从以下五个方面进行了了解：一是立法联系点设置的标准；二是专业法律知识如何大众化；三是联系点如何运作；四是到目前为止对多少法律提出了意见；五是立法机构采纳了多少。

从整体的文本结构来看，张维为演讲的创新点主要体现在以下三个方面：一是开头和结尾的一种趣味性的呼应。开头讲了一个美国妇女拒绝就医的故事和旅美华人调侃美国医疗状况的故事，在后一个故事还用了一个"反转"的话语技巧。至于结尾，他假设了一个中国人看到奥巴马医改方案的场景，用一句上海话进行了调侃。这种结构安排虽然在传统的文学写作或现代的新闻写作中比较常见，即通过形象化的内容吸引大家注意，但这里的创新点是，不仅形象化，而且更加趣味化。开头即打破了人们的刻板印象，而结尾不仅呼应了开头，还借用了第二个案例进行了演绎。

二是中间插入的一段调研，观众可以直观地看到全国人大在上海虹桥街道的立法联系点，并由工作人员现场回答张维为的调研提问。原本这部分也可以讲述完成，但这里很好地发挥了电视传播的特点，直观、生动、真实，将理论和实践结合起来，增强了理论的应用性特点。

三是两大案例的叙述顺序。7 000多字的文本篇幅，两个案例基本是各占一半的时间长度。先讲美国医改的失败，后讲中国立法的优点。话语结构也是话语秩序。以中美比较为框架，以美国的失败反衬中国的成功，先抑后扬，更强化了论证的力度。

其次是话语内容的创新。张维为演讲的主题是"探索新型民主"，从他的论述内容来看，应该包含以下三层意思：一是民主是中西方共同追求、遵循和实践的政治价值和政治制度；二是西方的民主虽有它的合理性，但也有它的局限性，是一种旧式的民主；三是中国的民主是一种新型的民主，对它的探索还在不断发展完善当中。对于中西方两种民主，张维为界定为人民民主和资本民主。从目前学术界的研究和相关资料来看，对于我国的人民民主有较为统一的概念和理论体系。但是对于西方的民主，是否可定义为资本民主，学术界还没有形成统一的看法，至少是在概念上还没有统一。比如，杨光斌认为西方的民主是自由主义的民主等。因此，资本民主可以被当作张维为的一个概念创新或者是他用以讨论相关问题而提出的一个新说法。

所谓的资本民主,从张维为的演讲文本中可以看出,大概指的是西方,特别是美国的民主受到资本的广泛影响,民主的实质是资本家的民主或资本主义的民主。在《中国超越》一书中,他曾写道:"在美国,相比政治力量和社会力量,资本力量形成了明显的优势。资本力量已充分地组织起来了,影响着政治力量,换言之,在强大的资本力量下,美国的政治力量缺少必要的独立性和中立性,几乎只能顺着资本力量的要求走。"[1]在《中国震撼》一书中,他也质疑美国,"资本开路,其他统统让路,这样的民主品质怎么能有信誉?"[2]需要注意的是,在这本书中,他还将美国民主定义为"游戏民主""消费民主"。另外,在《中国特色社会主义》中,他也写过,"美国的选举本质上就是资本俘获政府的一种机制,企业或利益集团利用金钱支持候选人和政党,以期能够在政府中获得代理人,利用政府政策实现自己的利益"[3]。

张维为"资本民主"的概念创新虽然目前尚未得到学术界的认可,但在马克思主义经典理论和目前的学术界,早已认同资本、资产阶级、资本主义本身和西方的民主制度是一体两面,他们的民主受到资本的挟制。比如,很早的时候,恩格斯就认为"资产阶级的力量全部取决于金钱,所以他们要取得政权就只有使金钱成为人在立法上的行为能力的唯一标准"[4]。我国的学者在研究意大利等国的民主政治时发现,"代议制民主的选举过程不能说完全没有反映民意,但操纵民意的是日益强大的政治广告与政治营销,而隐藏在政党相互展开的媒体战争背后的,则是以追逐利润为唯一目的、无处不在并且似乎无所不能的资本"[5]。还有学者发现了资本导致的自由悖论,即"自由民主悖论的实质在于:资本逻辑催生出形式意义上的自由、平等和民主,但同时又促使它们不断地走向自身的反面,走向实质意义上的不自由、不平等和不民主"[6]。还有学者在梳理学术界对于资本之于民主关系的研究后谈道:"在系统反思资本主义经济危机的政治因素的基础上,资本

---

[1] 张维为:《中国超越——一个"文明型国家"的光荣与梦想》,上海人民出版社2016年版,第109页。
[2] 张维为:《中国震撼——一个"文明型国家"的崛起》,上海人民出版社2016年版,第145页。
[3] 张维为:《中国特色社会主义》,上海人民出版社2020年版,第113页。
[4] [秘鲁]赫尔南多·德·索托:《资本的秘密》,江苏人民出版社2001年版,第6页。
[5] 刘长江:《资本、政党与代议制民主的困境》,《江苏行政学院学报》2012年第6期。
[6] 郗戈:《资本逻辑与"自由民主"的深层悖论》,《高校理论战线》2011年第3期。

与民主的敌对关系近年来不断被揭示出来,并在资本主义新的发展时期表现出新的特点,是导致民主在资本主义世界陷入衰落的重要原因。"①

从这些文献和研究可以看出,张维为的"资本民主"的提法在理论上不算是创新,但在概念上确实算是首次提出。当然,也应看出张维为对这个概念的提法比较谨慎。因为这个概念在他过去的著作和文章里也不是一个经常提及的固定说法,在本期的节目中也没有过多提及。这一方面说明这个概念还不够成熟,在理论上较为复杂,或者说还存在一些争论。另一方面说明这种提法本身就不是一个概念的问题,而是政治演讲过程中,为了强调某一方面的事实而建构出来的一个名词。比如,在这个演讲中,是为了突出资本对美国医疗制度改革的影响,同时也凸显中国医疗制度改革的制度优势。因此,从一种演讲策略看,这个概念的提出显然有很好的传播功能。它剥离了烦琐的理论,用简单易懂的词汇描述概括一种制度,且和另一种制度有明显的差别,这就使观众能尽快地捕捉到他要传达的信息,同时使这种差异、制度的弊端在传播效果上清晰起来。

除了"资本民主"的概念创新,在节目中,张维为首次"揭开"了我国"人大"的立法过程,也算是一次内容上的创新。

国家的立法过程复杂、专业,既涉及立法程序,又涉及立法内容。特别是立法程序的问题又牵涉一个国家的民主制度建设,所以对立法问题的讨论基本都在学术界、法律界或政府范围。媒体更多关注的是立法的内容,或者仅仅是立法程序的最后阶段。比如,每年全国两会宣布新的立法,或在特定时间点报道新的法律开始实施等。在本期节目中,观众通过张维为的演讲和实地调研基本了解了我国的立法程序及负责这些工作的相应机构。比如,演讲中提到的立法联系点运作方式、"一二三"工作法及街道党委、人大法工委、人大常委会等关键机构。虽然观众可能不了解这些机构的具体职能,但对程序有了总体印象。

最后是话语规则体现的话语创新。与节目引导片借鉴"真人秀"的做法所体现的话语特征相比,这部分演讲的内容突出的是一种学术语言的特点,或者是以学术语言为主,同时融合官方语言和媒介语言的话语建构方式和话语风格。学术语言是一种高度抽象的语言符号,是对社会事物本质和演化规律的高度概括。随

---

① 郇雷:《资本如何影响民主:政治经济关系的文献考察》,《当代世界与社会主义》2017年第3期。

着社会历史的发展，这种语言符号也发展成一种极其复杂和专业的符号体系或话语体系。

在本期节目中，尽管张维为的演讲已经尽可能通俗化，但还是有很强的专业色彩。比如，"探索新型民主"这个主题的三个关键词，即"探索""新型""民主"都可以进行深入论述。"民主"不论是在理论上还是在实践中都是中西方争论不休的重要话题，而即使在西方内部也有分歧，且随着世界政治的发展演变还将继续演化。具体来看，在演讲中，张维为对西方"资本民主"的探讨是典型的学术研究范式。比如，他对专业名词的使用，如利益政党、违宪、治理司法化、立法失控、利益集团、游说组织、"sell to the public"等。还有专业引用，如对英国学者斯泰恩·林根、美籍奥地利学者熊彼特理论的引述。还有对美国普林斯顿大学和美国西北大学学者联合调查结果的引用等。对我国"人民民主"的研究，一方面是引用了学者王绍光的研究，另一方面进行了具体的实地调查，即一种社会学的研究方法。同时，在中美民主的比较框架上，有较强的方法论意图，比如，西方立法的专业性与民主性的张力，其实也存在于中国的立法过程中。对此，张维为在节目最后的总结过程中，特别提到了像"天书"一样的法律文书，老百姓怎么能看得懂，立法联系点又是如何解决的等问题。从张维为的调研和解释中观众得到了答案。

当然，如果详细分析这个论述过程，会发现这种分析框架还有很大的改进空间。比如，对西方民主的分析体现的理论色彩更强，而对中国民主的分析实践性色彩更强，两者其实不在一个层面，得出的结论自然也值得进一步商榷。

以上即一种学术语言的话语规则，强调学理性和逻辑性。如果说先导片凸显的是一种电视话语或媒介话语，那么这部分政治演讲的内容则突出一种学术话语，以此来提升评论的技术含量和专业特色。否则节目将流于形式，达不到评论的目的，和节目创设的初衷与目的拉开距离。当然，正如前文所述，演讲在结构上进行了某种处理，开头和结尾是一种幽默风趣的论调。另外，在第60期以后，节目开始邀请第二位嘉宾进行现场演讲。一方面和张维为形成双主体的演讲话语结构，另一方面增加了一个"对话"环节。在节目时长保持不变的情况下，单个演讲的时间被压缩，节目形态和话语结构因此体现了一种"多元化"，同时也更具有观赏性。

（三）"对话式"评论的话语体系创新

在《这就是中国》节目的"演讲"之后，就进入了"对话"环节。这个环节通常包括两个部分，一个是主持人、嘉宾之间的对话；另一个是嘉宾与现场观众之间的对话。总体上看，这个环节是"演讲"内容的延续，是对特定内容的深入探讨，因此它的专业性较强。但从形式上看，由于是多人对话，又好像回到了"策划组编前会"的话语结构方式，所以观赏性也提高了。

以第119期《孟晚舟归来》为例，通过文本实录进行简要分析。该期节目邀请了中国人民大学金灿荣教授作为嘉宾参与演讲对话。

何婕："我们从第一期《这就是中国》一直到现在，很多期节目当中都提到过孟晚舟事件。1028天之后，我们再来回顾孟晚舟女士这个事件，大家可能会有这样一个感受，美国用长臂管辖，它用霸权主义那套办法去应对它所带来的挑战。很多百姓说，哇，这个太不公平了。"

张维为："我倒觉得这种对我们来说是一个锻炼。同时，之所以美国最后会释放孟晚舟，就是觉得它再这样做的话，对它的整体利益已经不利了。它受到很多的损害。它现在太需要中国帮忙了，但是就因为这个事情卡在这儿不行。而且现在它放了孟晚舟，承受的代价也很大。"

金灿荣："是的，我跟维为教授有一个共同朋友，他有一个观点我非常赞成。也就是孟晚舟女士回国当天他评价说，这个事件最大的价值就是教育了中国人民。中国人民要是达成了共识，就是无敌的力量，无坚不摧的力量。当然，他说得对。我记得梁启超先生讲过，说近代世界史的特点就是西方横霸天下，这是个事实。那美国又是西方力量的集大成，所以它是有优势的。恰恰因为这几百年都是西方主导，优势很明显。在这个背景下，中国能够崛起，尤为显得中国崛起得特别不容易。因为在以前，日本和亚洲四小龙算挤进了西方俱乐部。在西方俱乐部里也是边缘化的，它们没有从根本上挑战西方，而且西方可以这么说，说日本和亚洲四小龙原来都是中国文化圈，跟中国混吧，混得不行了，跟我混混得好。它可以反过来用这个例子论证它的制度、文化优越。但中国崛起，确实是根本上各个方面不仅是物理、心理上都打破了它的垄断。这就是为什么长臂管辖，第一次踢到铁脚板子了，它自己疼得不得了。"

张维为："金老师前面讲的第一点特别重要，它实际上是一个中国人凝聚起来了，你看她回来那一路有多少人关注，上亿是吧。"

金灿荣："4.5亿，就是央视直播嘛，点赞4.5亿。"

张维为："你可以想象，它是一个凝聚中国民心的过程。虽然我们花了很多资源、很多精力，但说句老实话，中国人团结起来，我们什么都不怕。真是这么回事情。所以我觉得这个作用总体上非常积极的。"

何婕："刚才金老师在演讲当中也说这彻头彻尾就是一个政治事件，但是大家特别注意它披上了法律的外衣，我们也在运用，以西方法律体系来跟你做一个对打。这个也是对我们启发很大的。"

张维为："基本上几个层面做的事情，国家的力量、外交的力量，这个是国家层面的。华为公司本身是充分利用法律的力量，我觉得非常重要，用好的律师团队，该打的官司要打，哪怕程序性的，哪怕是时间延长，这个都是有好处的。这个也做到了。最后就是政治上、法律上都赢了。所以这个非常重要。"

金灿荣："美国人自己也承认，对不同的人，穷人、富人，法律的含义是不一样的。但是反正很长时间，它还是很有蒙蔽性的。既然你号称法治，你（中国）还得陪它玩一段时间。这个方面，反正我们要继续补课。"

何婕："跟美国交手，我们也是在游泳中学习游泳，在斗争中学习斗争。"

张维为："但是像这种事件的定性，我们千万不能天真。一定要看到它的政治特点、特性，然后这个国家的性质开始改变。实际上我们把它定义为流氓行为，这是很重要的一个定性。西方文化的深处有一些非常恶劣的东西。我们中国人正是与人为善，在我们的文化基因里。西方文化坦率地说，与人为恶，性本恶，它就是这样推断你的。所以我们想都想不到，它们会想到。这次（新冠）疫情对我们的污蔑、对新疆的污蔑，都看出来了。都是它们自己做过的事情，它以己推人。所以我经常说，我们一开始就把它定性，我们知道怎么对付流氓。有些东西知道它的法律游戏，大家一起来做。有些东西是法律之外的，是政治问题，我们要非常清楚，否则要犯大错。"

何婕："两位在演讲中都特别说到了皮耶鲁齐，以为在《美国陷阱》这本书里面，大家可以看得很清楚。他是被美国人生生地关了五年，最后才出来。最后阿尔斯通还被肢解。一部分核心业务是被美国的通用公司给收购了。日本网友也在留言，说当年要是在经济问题上，美国在打压日本的时候，我们也能勇敢地说个

'不'会怎样，所以我就在想，它会给其他国家带来一些什么启发吗？就是跟西方的这些大国如何打交道会有启示吗？"

张维为："那么我们在这儿讨论过，就是一个国家完整的独立性多么的重要。日本是没有完整独立性的。美国在那儿驻了大量的军队、基地。法国的独立性也不是十分完整的。包括北约也受到美国的限制等。所以中国它是完整、政治独立、国防独立、科技独立，这种独立性使我们可以作出自己的决策。我觉得这个非常之重要。我们这个节目也讲过的，疫情暴发之后，世界将以更快的速度向中国倾斜，这也是我们的观点，这个正在出现。真是这样的，就是美国还想，队伍不好带了，想来'围剿'中国越来越难。"

金灿荣："我觉得孟晚舟事件肯定对美国是个挫折，对别的国家有一点儿激励作用。关键就是张老师刚才讲的独立性。独立性特别宝贵。你没有独立性，事事被别人操纵，那你的发展前提就有问题。人家施舍你，你有点发展。一旦人家要制约你，易如反掌。独立性现在我们中国是做得不错，所以要感谢我们第一代领导人打下来的这个江山、这个体制、这个能力。"

何婕："您看我们今天再来回溯这个事件，既让我们看到了一种胜利，是一种鼓舞，但同时也告诉我们自己要冷静。我们也来听听现场的观众朋友的看法。他们都是年轻的面孔，他们对这个事件是怎样的一种观察，会有怎样的问题。"

观众A："主持人好、教授好，我叫卢艳华，我是居民区的一个党总支书记。今年中美在天津会晤的时候，中方拿出来一份纠错的清单。其中，孟晚舟女士撤销引渡就在其中一项。现在孟晚舟女士已经顺利地回国了，对于其他一些项目，会有一个更好的进展吗？"

张维为："外交部发言人华春莹就明确地说了，希望美国把这个清单清零，全部做掉。因为你看这个里边相当一部分是特朗普时期的胡作非为。就是这些错误你要纠正，否则两国关系没法正常发展。比方说，共产党以及亲属不给签证。比方说，中国在那儿的媒体都是外国代理人，这些东西你应该清零的。恐怕建制派内很多人自己也不会同意的。他们也知道跟中国接触不能这样打交道，但是现在已经变成美国的或者总统的命令，或者是行政的手段，或者是法律。那么就是要有一个过程。但是我们要提出来，在这个过程当中你做更多的让步，我们这边也可以有一点点松动，基本上这样。这是一个进行时。"

金灿荣："我觉得是这样，我们中国首先能够提出来'三个底线''两个清单'，美国人很震撼。没有哪个国家敢与美国谈条件。天津会晤以后，我国驻美使馆的政务处，有个部门是专门向美国抗议的。它一年要抗议一千多次，一天三次，挺辛苦。所以这些要求，其实美国人知道的。主要就是我们的态度，他们非常震撼。所以现在也开始思考。但这个我估计要完全达到目的需要一点时间。正如毛泽东同志讲的，美国人挺骄傲的，有办不到的事情才来认错。但凡他有能力，他肯定欺负你。对此不能有幻想。我的直觉就是孟晚舟事件也牵涉到国人的感情。美国人也算过，这个也没什么成本。当然我们刚才也分析，其实它也是有成本的，信誉成本。但是它看来还比较方便，所以它就做了。做了它下一步大概要从中国拿到一点儿东西吧。比如说贸易战，贸易战现在有求于我们了，现在通货膨胀压力很大，通胀压力对美国是很危险的。比如说养老金、医保，那是固定要支出的，它就要入不敷出了。所以它现在的压力也挺大。所以它是有求于我们，赶紧结束贸易战。它大概是这样，就是先做一点，然后换一点，先做一点换一点，这个有点时间。所以我们还得斗争一段时间吧。"

何婕："您刚刚说的这个问题其实我也看到了，一些朋友们也比较关心，它明摆着希望我们能够消解它的通胀压力。如果最后通过谈判施压，一部分压力就转嫁到我们这儿了，会这样吗？很多年轻朋友关心这个问题。"

张维为："不，我觉得是这样的，就是首先美国现在真的是非常困难，有求于我们，也就是我讲的形势出现了对中国非常有利的局面，我们处在一个非常主动的局面。而且只有中国这样的规模帮助它才有意义。其他小国家帮助它都没有意义。包括日本，帮不了多少忙。但是我觉得，你让步到什么地方，我们再作出相对比较积极的反应。我想这是由中央来决策的，从全局来考虑，但有一点是肯定的，就是一定不能让它再像过去那样为所欲为。我们在2008年金融危机，帮助过它，它后来是怎么表现的，我们都会记住。我经常讲跟美国立规矩，这次就要给它立规矩。如果你要实质性帮助，你必须有实质性的突破。包括在南海问题，在台湾问题上，还有在其他问题上。"

金灿荣："应该这么说，它现在还是有这个能力，往外转嫁危机的能力。我估计像印度、越南都是挡不住的，日本肯定也挡不住，欧洲也挡不住。可能唯一能挡住的就是中国。所以怎么说，反正它要继续发货币，然后让别的国家买单，还是有这个能力的。只不过我觉得中国是可以避免的。但是别的国家会更倒霉。"

张维为:"美国现在还有一个很大的问题,就是供应链的问题。就是看它港口的积压,很多搬运工人由于生病或者由于补贴等原因不愿意来做工作,所以严重短缺。欧洲也面临这个问题,还有船上的很多船员,他们有时候因为到各个地方都不受欢迎,一年就在船上。我还看到过CNN的报道,就是圣诞节,甚至到明年1、2月,很多超市的供应链中的一些普通产品,甚至连肯德基的鸡腿等都没有了。所以这也是过去西方国家很少遇到的情况,这些都出现了。实事求是地说,但是你这个一般性的人道主义援助,包括对于疾病的防控等,这个我们都可以做。但是国与国之间的这种大规模的合作,一定要有良好的政治关系,否则是不行的。"

何婕:"而且还是得有言而有信的政治关系。"

观众B:"两位老师好,主持人好,我叫王斌,我来自上海电气集团。不久前,在纪念辛亥革命110周年大会上,习近平总书记再次强调台湾地区的问题纯属中国内政,任何外来势力不容干涉。另外,日本的新首相岸田文雄在首次的施政演讲中也提到了中日关系。我想听听几位老师对这两件事情,对中国和美国的关系上会产生什么样的影响,谢谢。"

张维为:"中日关系,我看习主席和岸田通了电话,电话里面的内容还是蛮丰富的,要日本恪守中日关系的四个文件、政治文件,然后特别是注意历史问题,涉及台湾地区的问题。总体上看不能过分乐观,但是我们该提醒的,还是要提醒它。特别明确地告诉它,至少可以告诉它上美国这个贼船是没有希望,跟美国一起联合反华,特别是在台湾地区的问题上,我觉得日本人应该知道这一点,采取行动的时候更加谨慎。总体上我觉得,包括总书记在辛亥革命110周年纪念大会上的讲话,毫无疑问,我们现在把祖国统一提到了非常重要的位置,我们也希望能看到祖国统一这一天。"

金灿荣:"我的理解就是从习主席在辛亥革命110周年讲话来看,我觉得台湾地区的问题的解决提上了议程,这是个信号。习主席用的词叫'祖国的完全统一',跟中华民族伟大复兴直接挂钩。从这个时机和气氛上讲,我觉得台湾地区的问题应该是提上日程了,所以正因如此,我觉得现在西方的反应,现在也有一定激烈化的程度。美国方面现在反应挺复杂,像拜登前几天讲,说我跟习主席通话的时候讲了,我们俩都遵守台湾问题的承诺,我不变你也不变啊。这是一种态度。还有一种态度是美国右翼，就在咱们杨洁篪政治局委员跟沙利文在日内瓦谈了6小时。他们就出来透露消息说有24个美国陆战队的特种兵早就在台湾地区待了很久了，训练台湾地区那帮人，其实就是给你添乱。军事上讲，它训练你们搞巷战就意味着美国不管你们了。它要管你就不会让解放军登陆了。都登陆了、巷战了，让你们去拼命流尽最后一滴血，那不把你们卖了吗？军事上是这么一个含义。所以美国是挺复杂的，应该讲拜登当局现在真诚地希望，把中美关系稳定下来。但它能不能做到，现在不好说。我看最近美国海军部部长讲了，他们主要的任务就是防止解放军解放台湾地区。但是同时他也有一个前提是——绝不跟解放军打仗，这是不是有点矛盾？台湾地区对美国是个重要利益，涉及它的全球地位、它的战略、亚太的战略态势等。但是对于日本，这个利益是致命的。因为日本这个国家大概90%多的物资是靠外来的，自给率很低，物资当中的80%要经过台湾海峡。所以我觉得日本表态会关心台湾地区的问题，但是我觉得它能力很有限，主要的外部因素还是美国吧。我觉得现在美国的态度越来越明显了，我们越来越坚定，美国就越来越往后缩。这家伙就是欺软怕硬的。"

张维为："现在我们看到公开的报道，就是美国方面做了至少是10多次，有的总结到18次兵棋推演，就是过去10年中，如果在台海地区发生冲突，美军介入的话，和中国人民解放军对抗的话结果是一样的，美国都将输掉。"

金灿荣："这是军事专家普遍的看法。就是已经算到了，如果真的发生了冲突，第一岛链是守不住的。以我军现在的实力，很快可以摧毁第一岛链。所以这个时候有两个办法，第一是鼓励日本、韩国这帮兄弟们顶住，能顶多久顶多久。然后台湾多买点东西，给我顶住。第二是后撤，再加强关岛基地。然后鼓动澳大利亚加强军备，但是好像也有专家算过，来不及。美国现在的造船能力，大概最快第一条核潜艇能给到澳大利亚是2040年，差不多还有20年。那个时候的时势已经变了，所以还挺可笑的。"

观众C："我叫王万全，是通信专业的一名大三学生。美国此前也用类似的手段打压过阿尔斯通，成功地促成了通用的收购，我想请问华为的处境与当年的阿尔斯通有什么区别？还有美国的打压对华为造成了怎样的影响？谢谢。"

张维为："我自己是一直看好华为的。我们在节目中多次讨论过华为。美国制裁以来，对华为采取了全面的制裁，历史上也不多的。但你看华为的手机业务是下去了，毫无疑问。但是其他方面，如鸿蒙系统、新的生态系统、无人驾驶汽车操作系统，等等，它的总体业务还是在往上走的。包括华为在上海最近在投资建了很大的一个基地，在青浦。所以大家都看到了，华为遇到了困难，但是没有被打倒，还在蓬勃成长，这是非常重要的。相反你看美国，我看美国的半导体协会还在跟中国谈，协会与协会、企业与企业之间的。他们说如果是真的全部执行芯片制裁的话，美国形成自己新的产业链，成本要增加35%到65%，美国的消费者都付不起，所以你看现在的汽车供应链，很多供应链都出现危机了，跟美国这个做法是有关系的。因为芯片的生产是一个很长的产业链，如此一来，结果就是汽车的芯片不够，很多家电的芯片也不够，全世界都开始短缺。所以现在的危机，美国自己都感觉到了，它的消费者尝到苦头了。另外就是中国一定会生产出自己的产品。可能是2年，可能是3年，可能是5年，而且超越它的新产品、有自己特点的新产品。所以我觉得这个仗美国没法打，打不下去的。这个跟贸易战一样，技术战也要失败的。贸易战已经彻底失败了。技术战、封锁战也打不下去。"

金灿荣："我的理解是这样。华为肯定是遭到严重损失的。今年可能还能凑合，明年后年会更加困难。这是必须面对的，就是它原来盈利占到56%，这一块损失非常大。但是它还是能够坚持，因为它备选的方案是什么，走新路，就是搞汽车，它跟其他地方搞电动汽车。因为鸿蒙系统很好，所以这一块如果都能走出来，那也是数千亿的产值。我觉得华为公司本身的生存问题不大，但是这几年肯定是活得不好。另外，华为它的优点是研发，这是很牛的。这个舍得花钱，所以它现在还是有优势的，它今年开始收专利费了，以前不收的，这也不少。专利费大概全部收的话，一年也能收100多亿美元吧。这一块我估计它会继续投入，国家也会帮它，所以华为最后的命运跟阿尔斯通是不一样的。本身公司的素质，我觉得应该比阿尔斯通还好一点。"

何婕："你看我们最后回过头来从孟晚舟女士事件最后再落点，落到对华为的观察，也是一种期许。我们常说的一句话，一个人也好，一个公司也好，企业国家都一样，如果你面对巨大挑战能够挺过去，迎接你的就是新的胜利和新的境界。我想我们应该把这样的祝福送给那些勇于斗争、勇于发展自我的企业，同样也包括国家在内。"

本期《孟晚舟归来》有特殊的背景，对于节目而言，它在2019年1月7日第一期的内容正是孟晚舟在 2018 年 12 月 1 日被加拿大非法拘押后制作的，张维为当时发表了相关评论。本期节目播出的时间 2021 年 11 月 1 日，则是孟晚舟在当年 9 月 25 日回国后制作的。节目始终关注着这个事件，并以此事件作为评判中美关系及其走向的重要历史性事件。另外一个大的背景是 2018 年 3 月 23 日美国特朗普签署了对华贸易备忘录，挑起贸易战。到该节目制作时贸易战已历时 3 年。由于美国的通胀压力，中美贸易的紧张形势有了缓和之势。而孟晚舟事件的解决，在外界看来是我国取得的阶段性的重大胜利。

本期节目内容没有"策划组编前会"板块，直接由张维为、金灿荣围绕孟晚舟事件进行各 10 分钟左右的演讲。演讲板块总时长虽然变化不大，但由于是两个人讲，所以内容上是有变化的。随后就是 20 多分钟的圆桌对话和现场问答环节。从这期内容来看，它是演讲内容的延续，只是换了一种形式。但从另一个角度看，也体现了一种评论话语和话语体系的创新。

首先依然是分析它在话语结构上的创新。依照前文的分析方法，可以看到它的三重结构：一是总体上的评论结构发生了变化，以往是以张维为一个人的评论为主，现在是两个人共同围绕一个主题进行分角度的评论。无论是演讲环节还是对话环节，双主体的结构使内容更为丰富。二是在总体结构作出调整之后，相应的参与对话的角色结构也就凸显出来。比如，张维为还是节目的中心，且经过 100 多期节目的制作播出，这个节目已经围绕张维为形成特定的风格。因此，无论哪种类型或哪种专业背景的学者、专家加入，都会遵循这种风格，或以特定的方式强化这种风格。本期金灿荣的加入，明显可以看到他的讲话方式与张维为有相似性。在演讲环节，张维为强调了孟晚舟事件的政治意义，金灿荣则在政治意义的基础上强化了其学理上、法律上的内容，发挥了学者的特长。另外，主持人何婕的角色也具有双重性，既有主持和串联的作用，也参与了内容的讨论。至于现场观众，从本期节目来看，他们的提问是穿插式的，而不是专门设立了一个提问环节。主持人会在特定时刻邀请观众提问。观众提问分两类，一类是直接和本期论题相关的，另一类是话题其他相关的方面。比如，本期观众提到的中日关系问题等。结构的第三个方面涉及具体的内容结构。在本期节目中，由于各板块的具体时间压缩，所以原先较强的学术性论证过程也进行了压缩，较快地进入结论阶段。因此，它的宣传性特点更明显了。

其次是它的具体内容方面的创新。双主体结构的出现，最明显的内容上的变化就是由另一位嘉宾带来的。本期节目邀请的金灿荣教授是国内著名的美国问题研究专家。近年来，金灿荣教授开始广泛地参加媒体活动，参与相关问题的讨论。在话语特点上融合了学术话语和媒介话语，风趣幽默中加入了很强的专业性内容，也因此给本期节目带来一些内容上的创新变化。具体来说，体现在以下三个方面：一是注重概念的辨析。这种辨析不同于学术研究中的做法，而是在演讲和讨论中注重首先明确一种说法或一个概念的边界，这样有助于厘清事物的本质。二是讲究平衡。他在讨论过程中，一方面会注重凸显讨论主题，强调事件本身所蕴含的积极的意义；但另一方面他也会通过某种方式将目前存在的不利局面或可能导致的问题提出来。三是尽可能地口语化。金灿荣很好地把握了话语学术性和大众性存在的张力，在某些方面，他的处理办法甚至比张维为更通俗。

最后是它在整个话语体系方面表现出来的创新特点。圆桌讨论和问答环节是《这就是中国》这档节目的最后一个环节。按照评论的一般结构，结尾部分就是结论部分，作者会给出比较明确的答案或指出一个可能的思考方向。而在该节目中，对于特定的论题，张维为和邀请的嘉宾基本在演讲环节就给出了结论。因此，最后一个部分就需要突出某种创新，从整体上实现节目的创新效果和传播效果。具体来说创新体现在：一个是由理论向实践转化。评论的最终指向一定是实践性的和现实主义的，对于该节目这种实践性有两层含义：一方面是指出国家的政策该如何应对，特别是对于整个节目围绕的中美关系、中西关系，在中国崛起之后该如何调整自己的政策，是以我为主，还是根据西方的政策作出相应调整。本期节目中，张维为和金灿荣都明确地指出，中国在贸易战取得了阶段性胜利，美国的发展需要中国的协助，所以中国可以很自信地应对接下来的局势变化。同时，孟晚舟事件对于中国不是挫败，而是增强我们民族凝聚力、提升民众爱国主义情感的很好的一个历史契机。另一方面是实践性的话语体系建构，这是本节目的初衷和目的。在节目中，无论是张维为还是邀请的嘉宾，都致力于通过解读事件的本质和过程，来还原事件的本来面目，以打破西方的话语垄断。本期节目中，金灿荣提到中美贸易战初期一些人的"悲观"和错误判断来自对中美贸易关系的不了解等，都是试图从话语层面对中美关系有一个重新定位和解读。

另一个创新的特点是由媒介话语、学术话语向官方话语演化或过渡，以在实践性的基础上体现官方的意志和举措。如果说之前的"策划组编前会"是媒体人和研究机构共同以一种媒介话语的形式引出节目的主题,"演讲"环节是学者以学术话语对相关问题进行论证和阐述,那么"讨论"和问答环节则是学者和现场观众共同以具体的问题为导向将官方的政策话语进行重新阐释和强化。以本期节目为例,首先,两位主讲嘉宾都是站在政府立场上进行问题探讨的,比如他们对习近平主席和日本首相岸田文雄通话内容的引用,对在纪念辛亥革命110周年讲话内容的引用,还有对外交部发言人华春莹表态的引用等。其次,他们是赞同政府的立场和做法的,比如他们认为对于美国挑起的贸易战,中国政府"三个底线""两个清单"等应对策略是正确的,当前的形势是对我国有利的。最后是他们对政府举措的延伸阐释,比如对于中美关系,他们谈道:"国与国之间的这种大规模的合作,一定要有良好的政治关系,否则是不行的。"对习近平总书记纪念辛亥革命110周年的讲话,他们评论认为"习主席用的词叫'祖国的完全统一',跟中华民族伟大复兴直接挂钩。从这个时机和气氛上讲,我觉得台湾地区的问题应该是提上议程了,所以正因如此,我觉得现在西方的反应,现在也有一定激烈化的程度"。

总之,这部分的节目内容是嘉宾和观众围绕政策进行的讨论,因此使整个话语体系具有实践性的特点,同时通过话语结构、内容、风格等的变化实现了官方政策及其话语体系的新的建构与传播。

三、话语体系创新的评价

无疑,《这就是中国》这档节目开创了一种新的电视评论形态,用一种新的媒介话语展示了张维为和嘉宾针对特定政治问题展开的讨论和论证。一方面发挥了电视视听语言的特点,使评论具象化、空间化、艺术化;另一方面通过节目各个板块的有机组合,将媒介话语、学术话语和官方话语进行了系统性的创新,建构了一种具有中国特色的评论话语体系。总体来看,它的创新可以概括为以下三个方面。

(一)发挥话语主体的独特优势

传统的电视评论节目通常是以电视平台为制作主体的,由电视机构负责策划、组织和播出。因此,新闻评论是它的主要形式,关注的是当下的、新发生的事情。

即使是政论片这样的深度评论也多考虑播出平台的特点。而在本节目中，东方卫视虽然是主要的制作和播出机构，但观众还是可以在屏幕中明显地看到"观视频"的标识。加上复旦大学中国研究院、春秋研究院等机构，该节目就形成了"传统媒体+新媒体+研究机构"三个制作机构，也就是三个话语主体。其中，东方卫视具有传统媒体长期积累的政策优势、品牌优势和电视节目制作的经验。特别是东方卫视的新闻节目在国际视野、技术和人才优势方面领先于其他卫视。观视频工作室是近年来涌现出的以制作传播思想性短视频为主的新型互联网媒体。在《这就是中国》之前已经制作了大量的类似的短视频，积累了丰富的视频制作经验，也培育了一大批年轻观众。至于复旦大学中国研究院，是专门进行中国道路、中国模式和中国话语研究的高校研究机构和高端智库。

这三个制作主体在建构话语方面自然带有自身的优势特点，如东方卫视和观视频都长于视听语言的建构，但前者的特点在于大型电视节目的制作，"真人秀"这种新的电视语言正是它的特长；后者的特点更个人化，更有亲和力。张维为等专家学者长于文字语言的建构，虽然他们和媒体长期合作的经历已经使他们的语言发生了一定的变化，但其内核还具有一定的学理性。总的来说，该节目之所以成功，是因为汇集了当前国内优秀的电视节目、视频节目制作机构和中国话语研究机构。因此，节目建构的话语体系也独具特色。

（二）话语的体系化建构

从节目板块设计来看，无论是前期设置的"策划组编前会"以及后来设置的双主体的演讲模式，还是因特殊节日或疫情原因进行的调整，都可以看出节目围绕特定选题而进行的体系化的话语创新策略。具体来说，它是一个以官方话语为核心，向外延展和体现出学术话语、媒介话语的体系化建构过程。

首先，体系的最外层，也就是最直观的媒介话语，即用电视的视听语言对评论进行全方位的包装。正如前文所说，人类社会在20世纪以后就进入了电视时代，即使最优美的文字也要让位于影像和声音带来的视觉与听觉冲击，它会使人类的大脑保持一种兴奋状态甚至沉迷其中而不自觉。21世纪以来，新的媒介技术的发展更是加深了这个趋势。为此，该节目综合了先进的影视制作技术手段，在演播厅的空间设计、色彩声音设计、主持嘉宾甚至观众的形象设计、拍摄技巧、画面剪辑等方面都进行了艺术化的处理,使电视传播既有工业化的技术感,也有一定的虚拟现实的审美特性。因此,它可以触及观众的知觉层,在感性的层面抓住观众的注意力。

其次,体系的中间层次是学术话语。它的特点是用特定的概念、理论和方法对特定问题进行分析论证。在该档节目中,学术话语又可以简单地分为以下三类:第一类是"元理论",即在形式上高度抽象、内容上对事物的本质特征和社会演化规律进行高度概括的理论。比如,社会主义、民主、自由,以及张维为的"文明型国家"等理论。第二类是特定领域的专业理论,较广义的如政治理论、经济理论、技术理论等,较狭义的如上文提到的立法问题、贸易问题等。第三类是针对特定的政治事件进行专业分析。比如,2020年以来影响全世界的新冠疫情不仅涉及国家的应对策略,还涉及此类公共卫生事件的综合治理问题。《这就是中国》栏目在前期主要以"元理论"的阐述为主,由张维为通过"演讲"的方式较系统地阐述他的根本性的观点和主张。此后,他基于这些理论,结合具体问题,开始对各个领域专业的问题进行探讨。同时还紧跟时事,如孟晚舟事件、乌克兰危机等进行国际问题分析,体现了研究国际关系的现实主义视角。

学术话语是电视评论的属性话语,也就是说评论必然是学术性的,或者是由学术而延展开来的,否则论证将流于形式。所以,《这就是中国》将很大的篇幅应用于演讲板块。同时,主要邀请学界的专家参与演讲讨论也是为了强化它的专业性和学术性。

最后,体系的核心层次是官方话语。从上文提到的三个话语主体的属性特点可知,《这就是中国》这档节目是官方主导制作的评论节目。尽管它外在体现出媒介话语和学术话语的特点,但其核心话语或话语规则还是政治性的,表现出以下三点:一是站在政府立场,支持政府政策。二是以党的理论和领导人的讲话为分析问题的依据。三是提供论据证明政府政策的正确。官方话语的政治规则是从上到下体现的是一种一致性,它在历史上已经形成了很强的制度性机制。该节目作为宣传策略的重要一环,自然会体现出相应的特点。

(三)话语体系建构的策略评价

在第145期《〈这就是中国〉走向世界》中张维为谈到了话语体系建构的问题,

他说:"我们已经形成了自己的官方话语,这非常重要,可以说是我们发展的'定海神针'。但我们一定要了解,在世界范围内,西方话语目前还暂时地处于强势地位,在中国社会已经高度开放、高度网络化的情况下,仅有官方话语是远远不够的。今天西方对中国的话语围剿,它既是官方话语的围剿,也是学术话语、大众话语和国际话语的围剿,西方打的是这些话语的'组合拳'。如果我们仅靠官方话语回应的话,是难以应对西方话语对中国的挑战的。"①

从张维为的话中我们可以看出,当前建构一种新的话语体系还存在很大难度:一方面是因为西方话语还处于强势地位,且对中国话语形成"围剿";另一方面是中国话语建构尚未形成体系,官方话语、学术话语、大众话语和国际话语未能形成"组合"优势。结合张维为的自我总结和《这就是中国》栏目3年来的播出情况,笔者认为当前我国电视评论的话语体系建构已经取得了长足的进步,但还有很大的改进空间。

首先,关于话语体系建构策略的目标和取向问题。《这就是中国》这档节目的宣传语和几期节目中张维为的表述说明了该节目的目标是打破西方的话语垄断,建构新的中国话语体系,使中国人树立一种文化自信、制度自信等。为了实现这个目标,节目选择的路径和取向,一是重新梳理认识了中国的历史发展脉络,特别是中国现代化的发展路径,建构一种"中华文明"视角,连接社会主义思想和历史发展的现代中国话语体系。二是在理论和实践两个方面重新认识了西方国家的制度和制度发展史,及其向非西方国家推广产生的不同结果。以此解构西方话语体系,重点是解构美国的话语霸权,以佐证中国发展和话语体系建构的合理性。应该说通过一个电视评论节目来达成这个目标,完成话语解构和建构的任务是不可能实现的。因此,这个节目的创建,如果放在整个党和国家在当前的文化宣传和对外传播战略层面上考量,那么它本身便具有一定的策略性,即只要能激发受众的观看兴趣,能够让受众参与、思考就能达到基本目标。对此,这档节目每一期的选题不是按照学术的思路和逻辑设置的,而是理论结合时事,既有历史的和"元理论"的内容,也有对时事的分析和探讨,两类选题交叉进行,相辅相成,但也各有侧重。特别是对时事问题的探讨更能抓住受众的注意力。因此,内容割

---

① 复旦大学中国研究院:《第145期:〈这就是中国〉走向世界》(http://www.cifu.fudan.edu.cn/cb/94/c412a445332/page.htm)。

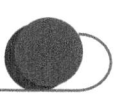

裂并不妨碍传播效果。同时，该节目也不追求对内对外传播的差异性。因为它的目的在于树立和提升中国人自己对国家历史和发展的自信心，形成一种强势文化，从而支持和支撑国家的经济、政治和文化发展。所以，认同和支持是关键，自然它的对外传播也就有了支撑点。

对于节目话语建构策略的目标和取向，因为它符合党和国家的发展战略，因此获得了相关方面的大力支持。不过作为一档电视评论栏目，也要注意以下两个方面的问题：一是单纯的批判式的解构是否会造成形式单一、内容单一、结果单一的问题；二是新的中国话语体系的建构一方面是为了打破西方的话语霸权，另一方面还和中国的未来发展与定位、世界格局的演化有关联，在节目中该如何进一步阐述中国的发展理念，如何进行国际传播也是下一步节目要深入探讨的问题。

其次，关于话语体系建构的具体方法问题。在张维为的观点中，话语体系的建构要注意官方话语、学术话语、大众话语和国际话语的整合，以形成"组合拳"。笔者主要讲的是官方话语、学术话语和媒介话语。笔者认为，这两种方法其实有一致性，媒介话语的特点其实就是大众话语，即通过通俗化的表达吸引更大规模的受众。国际话语这种说法较为模糊，如果它指的是当前国际上强势的西方话语，和我们为了融入国际社会而运用的西方话语，那么国际话语的建构明显和我们的初衷不符。所以，这里所说的国际话语应该是基于中国历史和国情的中国官方话语、学术话语、媒介话语的话语体系的国际化。国际化强调的是一种渠道和方式，而不是内容。因此，媒介话语既包含大众话语，也包含国际话语。《这就是中国》在西方国家的传播并未改变它的具体内容，只是借助西方的媒介进行了话语的翻译，即说明了这个情况。当然这个"翻译"过程也是极其重要的。

综合前文对《这就是中国》各个板块话语的分析可知，官方话语是核心，其次是学术话语，最表层是媒介话语，这是由中国政治和中国宣传体制决定的。当然，从宏观视角来看，西方国家也莫不如此。媒体从来不是一个独立的社会存在，而是被结构化在更大的政治体系中，只是在社会的变革时期或革命时期，这种结构在众多因素的影响下发生变化，才造成了一种相对独立的状态。话语秩序和政治社会秩序有某种对应性，正如前文所说，会通过话语重叠、话语重构、话语替代反映社会的状态。对于《这就是中国》栏目，在官方话语的主导下，它的话语建构在中国语境下既有话语重叠也有话语重构，而在国际语境下，为了打破西方的话语霸权，自然不是重构这么简单。笔者认为，这也是西方较为警惕的方面。为此，在建构新的话语体系时，还是要注重学术话语和媒介话语的创新，重点强调评论的学理性和媒介话语的大众性，并很好地调适它们之间的张力。

最后，关于话语体系建构需要着力解决的几个难题。上文提到，张维为认为"我们已经形成了自己的官方话语"，这说明党所领导的国家建设和改革发展逐渐形成了完善的制度、政策和治理方法，相应的政策话语也日益发挥特定的政治功能。而学术话语和媒介话语目前尚未能发挥应有的作用，也没能与官方话语实现体系化。具体来讲，对于学术话语的建构，学术界还需要加快对相关问题的研究并形成一定的共识，比如如何理解传统中国和现代中国的关系、如何理解马克思主义在现代中国建构中的作用、如何在"文明"视野下实现中西对话等问题都亟待解决。对于媒介话语的建构，从传播者的角度看，当前我国电视评论节目的制作水平已经达到国际一流；从受众的角度看，还有一个接受框架、接受平台、接受能力的问题。受众并不是被动接受者，他们有自己长期以来形成的知识框架和经验背景，有选择信息渠道的权利，还有因各种因素造成的接受程度的差异。而对于国外的受众，还须考虑复杂的接受条件。所以说，媒介话语的建构还需要加强受众方面的研究，不能仅单纯地关注数据。

第四章　互联网时代电视评论的跨屏传播

根据国家广播电视总局"中国视听大数据",《这就是中国》自 2019 年开播以来持续受到受众的关注,收视率始终排在理论类电视节目的前两名,影响力越来越大。这一方面得益于内容制作上的创新,另一方面在于适应了互联网时代信息传播和接受方式的巨大变化。特别是其视听内容,基于移动互联网的、多场景的跨屏传播成为传统电视转型发展的出口。

第一节　关于跨屏传播

据工信部下属中国互联网络信息中心 2021 年 12 月第 49 次《中国互联网络发展状况统计报告》,截至当月,我国网民规模 10.32 亿,手机网民规模 10.29 亿。由此看出,我国基本已处于网络化社会。

报告反映,我国网民使用手机上网的比例为 99.7%;使用电视上网的比例为 28.1%;使用台式电脑、笔记本电脑、平板电脑上网的比例分别为 35.0%、33.0% 和 27.4%。报告还统计出,我国网络视频(含短视频)用户规模达 9.75 亿,较 2020 年 12 月增长 4 794 万,占网民整体的 94.5%;其中,短视频用户规模达 9.34 亿,较 2020 年 12 月增长 6 080 万,占网民整体的 90.5%。

根据这些数据明显可看出当前网络化社会信息传播的基本特点:其一,视听信息或视觉化的信息依然是当前的主要信息形态;其二,基于移动互联网的手机已成为网民获取信息的主要渠道;其三,传统电视、电脑、手机形成不同规格屏幕的多屏、跨屏信息传播生态。因此,近年来学术界开始研究信息,特别是视听内容的跨屏传播。

一、跨屏传播的基本特点

跨屏传播，是互联网促动的信息传播方式和媒介生态的变化。其实质是信息传受关系的多维调整，甚至是颠倒。在学者看来，它对传统电视市场的冲击很大，迫使电视必须作出改革。

首先，跨屏传播的动因。在学界看来，互联网、移动互联网、手机、智能手机的不断迭代推动了传统信息环境的变化。

变化一：信息量的增加和信息的碎片化。正如刘燕南引用美国学者的研究认为，"互联网时代，媒介生态的一个重要特征，是平台和内容的增长无极限。媒介多渠道提供信息的能力在不断增强，而这些内容多以片段化和小单元的形式呈现"。①

变化二：互联网成为基础设施且和人们的日常生活绑定。中国传媒大学赵树清认为移动互联网和手机带来的变化是，"一方面，智能手机和其他移动智能终端的普及和应用，奠定了移动互联网的硬件基础；另一方面，移动互联网所衍生出的互联网金融、社交、生活服务等应用越发完善，并加速向市场推广，成为其规模快速增长的主要原因"。② 因此，新兴媒体崛起将冲击传统媒体的受众领域，收视率和广告收入将难以保证。

变化三：大屏被取代。武汉大学的吴占勇也谈道："对于以视频为内容形态的电视媒体来说，移动终端直接动摇电视作为家庭凝合器的根基，其标志性的大屏、固定、封闭的观看模式被小屏、移动和社交化的互联接收模式取代，电视屏幕因沦为跨屏终端体系中的一屏而颇具附属色彩。"③

其次，跨屏传播下的传受关系变化。刘燕南教授在研究跨屏传播效果评价体系时谈道："跨屏传收成为媒介新生态的重要标志之一，其实质是传受关系的一次重构。"④ 在他看来，在电视节目的传播方面，网络技术和用户需求的双重驱动使

---

① 张雪静、刘燕南：《媒介使用：跨屏、移动和参与——互联网受众行为扫描和特点简析》，《新闻与写作》2018年第7期。
② 赵树清、尹逊钰、曾昕旻：《电视跨屏互动场景化营销研究》，《现代传播》2017年第5期。
③ 吴占勇：《跨屏困境与路径重组：移动互联时代电视媒体的融合发展与创新》，《中国电视》2019年第2期。
④ 刘燕南、张雪静：《内容力、传播力、互动力——电视节目跨屏传播效果评估体系创新研究》，《现代传播》2019年第3期。

电视节目摆脱大屏束缚，走向"大、中、小"多屏传播联动，受众的注意力被分散，他们的媒介使用从"线性＋客厅＋接收"模式转换为"时空多维＋传受一体"的新特征。

作为传播者的跨屏。电视在20世纪就从无线、有线发展到卫星传播，不仅可以覆盖更大的范围，还出现了频道化、专业化和现在所谓的垂直化。20世纪末开始到现在，最大的变化是模拟信号成为数字信号，出现了数字有线电视、IPTV（交互式网络电视）、OTT TV（互联网电视）和智能电视等。其中，观众可以下载软件或App在智能电视端收看电视。除此之外，还出现了网络内容提供商和有线电视合作的案例，如美国的Netflix（奈飞、网飞）。"电视与网络之间、内容和渠道之间的界限正在逐渐模糊。"① 由此，传播者为了拓展市场，不至于落入和报纸等平面媒体一样的境地，就不得不选择突破固有的渠道和场景，开始通过不同的终端实现跨屏传播。

作为受众的跨屏。当前媒介生态下，受众最大的变化是从被动接收者变成了主动选择者。所以，这里的"跨屏"有以下两重意思：一是受众的选择多样化，既可以选择传统电视，也可以选择PC端、平板电脑、手机等，这和应用场景有很大关系。二是行为的多样化。研究者把这种行为分为以下四类。

一是同步增强型跨屏，即同时使用两个或以上屏端做相同或相关的事情，如看电视的同时搜索节目嘉宾的背景资料；二是同步多任务跨屏，同时使用两个或以上屏端做不相关的事情，如边看电视边用手机查阅邮件；三是异步承接型跨屏，在一个屏端开始一项活动后在其他屏端继续这项活动，如在电脑上浏览商品信息后用手机支付订单；四是异步碎片型跨屏，在一个屏端从事一项活动后在其他屏端从事另一项活动，如看完电视后用电脑玩游戏。②

其中，第一类占受众跨屏行为的50%以上。研究者认为，"受众的跨屏触达已是常态，手机成为首选，新兴的用户信息机制在帮助人们进行媒介选择方面屡立新功，场景渗透与媒介的个性化使用交织共进，参与互动也日益深化"。③

---

① 周勇、赵璇：《跨屏时代的视听传播》，中国人民大学出版社2021年版，第2页。
② 张雪静、刘燕南：《媒介使用：跨屏、移动和参与——互联网受众行为扫描和特点简析》，《新闻与写作》2018年第7期。
③ 张雪静、刘燕南：《媒介使用：跨屏、移动和参与——互联网受众行为扫描和特点简析》，《新闻与写作》2018年第7期。

最后，当前我国电视跨屏传播的特点。目前，在官方和业界，"电视传播"这种说法逐渐被"网络视听"取代。这说明，电视已经成为内容制作与传播的一般性主体，它的优势和主体性地位已经不明显。而对于网络视听，国家广电总局互联网视听技术研究所所长施玉海在2022年接受一份专业刊物采访时认为，"IPTV与OTT是继有线电视和卫星电视之后电视内容传播的两大主流技术路径"。①他认为，今后随着IPTV与OTT自制内容越来越多，短视频、中视频的制作也会快速增长，长视频的比例会逐渐下降。在终端方面，"固定终端和移动终端协同发展，随着5G到来，固移并举、多屏连接、多屏协同、多屏互动会越来越频繁"。②

总之，无论是传播者还是受传者，都因为互联网和数字终端的蓬勃发展而需要重新定位自己所处的位置和未来的方向。对于我国，电视的跨屏传播还需要考量它的政治意义。因为，电视行业和其他传统媒体一样，在体制上是隶属于党和政府的事业体系。而互联网行业，自其诞生以来就不断体现出高度商业化的特点。虽然电信渠道国有，但基于内容的技术发展和创新是由民营企业最早进行开发的。阿里巴巴、腾讯、百度成为互联网绝大部分大众信息流的生产者、拥有者，甚至是控制者。随着商业视频网站的崛起、平台型媒体的崛起，传统媒体的市场被不断压缩、边缘化，或者干脆消失。传统报业首当其冲，随后是电视行业，这造成了舆论引导格局的变化。因此，党和国家开始大力推动媒体融合发展。一批最早改革、最早进入互联网市场的传统媒体逐步占有一席之地，如湖南卫视、浙江卫视、东方卫视等。当然大部分媒体，包括央视在内，一方面建立自己的网络渠道和平台，另一方面则选择和互联网巨头进行合作，特别是平台型视频媒体。只有这样才能逐步扩大自己的影响力，重新建立起合乎制度、政策、国情的舆论结构。

互联网时代，社会结构因技术的穿透而扁平化，资源向中心集中，向头部集中，向平台集中。传统电视行业的跨屏传播不仅通过渠道重新获得影响力和经济收益，还重新占领舆论高点，发挥自己的政治功能。

---

①② 章玲：《多层次引导，全面推进网络视听行业发展——访国家广播电视总局广播电视科学研究院互联网视听技术研究所所长施玉海先生》，《广播电视信息》2022年第1期。

二、跨屏传播的平台路径

在《这就是中国》每一期的末尾不仅会出现一些和节目制作传播有关的图标，如观视频、看看新闻、观察者网，主持人还会提示观众关注今日头条、抖音、微信的栏目官方账号。这些媒体都是因互联网而衍生出来的新兴媒体，其中，观视频、观察者网、看看新闻和东方卫视既属于制作方，也是传播渠道。而今日头条、抖音虽然都属于字节跳动公司，但传播方式还有很大差异。微信公众号则属于腾讯旗下的互联网应用。这三个媒体都属于平台型媒体，有海量的用户和较大的影响力。以下将简要分析这几种媒体的传播特征，以明确《这就是中国》的传播路径。

（一）今日头条

今日头条创建于2012年，随后超越了腾讯、网易、百度等传统互联网企业及其在信息传播领域的优势。对于它的公司性质和信息传播的独特方式，它的官网介绍为"是一个通用信息平台，致力于连接人与信息，让优质丰富的信息得到高效精准的分发，促使信息创造价值"[1]。它的分发方式包括，推荐引擎、搜索引擎、关注订阅和内容运营等。内容包括图文、视频、问答、微头条、专栏、小说、直播、音频和小程序等。产品包括头条搜索、头条号和微头条。据统计，在2021年，今日头条的日活跃用户达到6亿。

综合学界和业界的研究，今日头条的信息传播特点有以下三点：第一，它是平台型媒体。所谓的平台型媒体，即依靠海量的受众和先进的技术而成为人们获取信息的主要渠道。"社会化生产和社交化连接是平台媒体的两大特点。聚合大量内容生产者，重视高质量内容的输出，是平台运行和发展的基础"[2]。所以，聚合与分发是媒体的特点，谁掌握的数据量大，处理数据的能力更先进，谁就能成长为平台。在互联网环境中，成为平台意味着掌握某种信息垄断权力。今日头条就具备这样的特点。

第二，智能算法是它的核心技术机制。这里的"智能"，一般指"人工智能"，就是"以人类的智慧研究、开发、创造出堪与人类大脑相匹敌的'机器脑'"[3]。人

---

[1] 今日头条官网：《关于头条》（https://www.toutiao.com/about/）。
[2] 张志安、徐桂权：《中国新闻业年度观察报告》，人民日报出版社2019年版，第112页。
[3] 宫承波：《新媒体概论（第八版）》，中国广播电视出版社2020年版，第57页。

工智能在媒体中的应用形成智能媒体，其核心是算法。算法原本是一种计算机语言，是为了解决特定问题而研究生成的编码程序。当算法和大数据及要解决的人类问题放在一起以后，算法就意味着用计算机科学去探寻人类社会与自然演化的规律、理解人的行为、深度透视人类社会的运行方式。而从媒体的信息生产与传播角度看，"算法型信息分发重塑了新闻生产机制。算法型信息分发带来的新闻生产方式是'新闻内容+数据化精确制导'"①。用户本位由此取代传统的传播者本位。

第三，今日头条算法机制的调整。正是基于算法机制，今日头条可以对用户进行精准画像，精准投放商业信息获得商业利益。它的画像机制包括收集用户的动作特征、环境特征和社交特征。比如，"当用户绑定微博登录后的5秒之内，系统会为用户建立起一个DNA兴趣图谱，这个图谱类似于一个数学模型，主要根据用户SNS账号上的标签、关注人群、好友、评论/转发、收藏等数据，以及用户的手机、位置、使用时间等数据提取而来"。②当然，算法也是由人设计的，因此它不可能完全成为一种中立的工具。为了避免"信息茧房"这种可能存在的消极现象，今日头条在算法之外加入了一定的人工因素。它"公布的一系列算法的升级与调适体现了技术、人性、社会政治共同作用于我们能够看到的信息"③。

（二）抖音

如果说今日头条是通用信息平台，那么抖音就是字节跳动公司专为视频开发的一个应用。它创立于2016年，2017年出现爆发式增长并成为现象级的音乐视频应用软件。2017年8月，抖音国际版TikTok上线踏上国际化道路。截至2021年9月，其在全球范围内的月活跃用户数量达到了10亿，其中近一半的用户年龄在16岁至24岁。国外的统计机构根据数据认为TikTok超过脸书（Facebook）成为最受欢迎的社交媒体平台。综合来看，它的特点有以下三点。

第一，视频信息平台。抖音在应用商店原本的名称叫"抖音短视频"，2020年9月更名为"抖音"，这表明它的视频生态体系发生了变化。抖音最初上线的

---

①③　喻国明、杜楠楠：《智能型算法分发的价值迭代："边界调适"与合法性的提升——以"今日头条"的四次升级迭代为例》，《新闻记者》2019年第11期。

②　张一鸣：《机器替代编辑？》，《传媒评论》2014年第3期。

产品是要求15秒以内的短视频和音乐,但很快发现这种模式不可持续。因为内容有局限,且容易抄袭。随后,视频长度开始突破1分钟,甚至达到15分钟,这样可以增加用户黏性,还可以形成商业化路径。2019年,"中视频"概念提出,1分钟以上的视频成为主要的视频信息类型。业界看来,中长视频催生了直播这种稳定的商业模式。2021年,抖音广告与商业化收入达2 500亿元,同比增长43%,直播收入约600亿~700亿元,同比增长近70%。视频产业吸纳了海量的受众和商业资源、商业利益,因此字节跳动在2021年进行了组织架构调整,旗下产品都"打通了通向抖音的内容体系,抖音的内容变成了图文、视频、资讯等汇聚的平台"[1]。有人评价,抖音反向兼并了今日头条。可见视频行业在当前信息传播格局中的重要地位。

第二,便捷、社交与智能推送。抖音的出现不是一个偶然的现象,而是它适应了互联网的发展潮流。在它之前,海外已经有Facebook、YouTube这样的图片、视频社交应用,且在全球拥有十分庞大的受众群体。抖音也和这些应用一样,它的发展首先是建立在音视频这种信息传播的基础之上,消除了单纯文字传播的弊端。其次是传播方式比较便利,在"记录美好生活"的口号下,用户可以用平板电脑、手机等智能设备直接拍摄、制作、发布作品。抖音不断扩展的音乐资源和智能、丰富的制作工具为用户提供了非常好的使用体验。最后是它的社交特征。基于今日头条的技术,抖音可以快速地获取用户的原有社会关系,也可以根据用户的兴趣延伸新的社会关系。同时为了激活这种关系,抖音通过策划热门话题、竞赛、合拍、评论等方式让更多的用户加入这个关系网,"正是基于社交关系建立及关系间的互动,'抖友'群体得以形成稳定的互动群体,激发了用户更高的认同度和较高的情感能量,抖音平台同时也成为具备一定情感凝聚力和组织动员力的社群平台"[2]。

第三,国际化的媒体。学界和业界都认可抖音海外版TikTok是我国真正的第一款国际化媒体,可以和Facebook等应用相提并论。它的国际化道路有以下三个途径:一是投资或并购,比如对印度Dailyhunt的投资、对印尼BABE的控股、

---

[1] 朱晓宇、闫俊文:《抖音"抛弃"短视频》(https://mp.weixin.qq.com/s/1gFGHPbVtR-8hXuXqZw-Og)。
[2] 熊茵、季莹莹:《从内容平台到关系平台抖音短视频的属性变迁探析》,《编辑学刊》2019年第4期。

对北美知名短视频社区 Flipagram 的并购等。通过资金投入，快速地进入海外市场。二是智能技术的介入。前文多次提到的智能算法是字节跳动的领先技术，它可以快速地建立起基于关系的受众群。在研究者看来，除了前文提到的技术，还有"人脸关键点检测技术""人体关键点检测技术"和"手势识别和粒子系统技术及应用"等基于手机的人机交互技术。"这些技术一方面吸引了大量国内用户从 TikTok 上高效获得个性化的短视频内容，另一方面也以极低的门槛方便海外用户在生活中参与短视频的拍摄和上传，由此，TikTok 的用户、数据、算法和内容之间形成了完整的反馈闭环。"① 三是对文化的关注和投入。包括以下两个层面：一方面，在国际化的过程中尊重本土文化；另一方面，推广中华文化。这两个方面建立起了跨文化交流的渠道。

（三）微信公众号

2011 年 1 月 21 日腾讯推出微信，2012 年 8 月 17 日微信公众平台上线。2020 年视频号上线。2022 年微信及海外版 WeChat 合并月活跃账户数达到 12.88 亿。与字节跳动和抖音一样，微信和微信公众号平台也有一种隶属关系，且都发展成为国内最大的信息平台，也是世界级的互联网产品。理解微信公众号的传播特点，首先要明白微信是什么。

第一，公众号依托于微信。2013 年，国内学者方兴东定义："微信是一款基于智能手机，可以实现通过网络快速发送语音短信、视频、图片和文字，支持多人群聊的移动通信软件。"② 而在同年，也有研究者将其称为"社会化媒体"。创始人张小龙则称它是一个互联网产品或 App。当前，微信已上线 10 年，已经不仅仅是一款基于熟人或朋友圈关系而形成的通信或社交应用，而是具备非常丰富的公共服务和商业功能的信息平台和服务平台。比如，基于微信公众平台的信息发布功能、查询功能，连接购物平台的支付功能，基于小程序的办公、服务与信息处理功能、搜索功能、游戏功能等。它不仅可以进行图片、文字、语音的信息传播，还可以通过视频号发布视听信息。总之，微信通过前期导流腾讯另一款超级通信工具 QQ 的海量用户，依靠独特的具有私密性的"圈"层信息传播，逐步打造成

---

① 张志安、潘曼琪：《抖音"出海"与中国互联网平台的逆向扩散》，《现代出版》2020 年第 3 期。

② 方兴东、石现升：《微信传播机制与治理问题研究》，《现代传播》2013 年第 6 期。

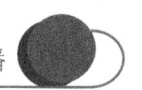

了一个具有身份特征的信息交流服务平台和商务平台,使其成为网民网络化生存的必备应用,具有一定的垄断性特征,可以说在当前具有不可替代性。

第二,微信公众号的传播特点。人口规模红利是我国互联网发展的一大优势,从腾讯 QQ 到微信,动辄数亿的活跃用户为需要进行大规模、快速、高效信息传播而获得某种关注和利益的社会主体提供了机会。据统计,目前每日有 10.9 亿的用户打开微信,有 3.6 亿用户读公众号文章。"微信公众号作为一个互动平台,把每一个网民都变成了自媒体,'再小的个体,也有自己的品牌',这既是微信公众平台的宣传语,也是新型社会化媒体的本质概括。"①

相较于其他社交媒体平台,公众号的目的就是使用户可以突破小圈子进入公众领域,所以它的"大众传播"属性要求它对进入者有较严格的条件限制。用户申请的公众号分为订阅号、服务号、小程序、企业微信四种,每一种都需要提供身份资料并认证,还要缴纳每年的审核费。目前,受众可以通过订阅的形式关注所需的不同类型的公众号。它们以列表的形式出现,按信息更新时间排列。既可以是图文形式,也可以是短视频形式,还有直播功能。基于微信的社交属性,公众号信息的传播也是通过用户的"关系"进行传播的。由于这些信息带有功能属性和关系属性,所以比传统信息的"黏性"更强。

第三,关于"视频号"。2020 年 1 月,在抖音出现 8 年以后,微信才开始发力做视频内容。这一方面说明短视频依旧是当前信息传播的主要形态,另一方面说明此行业具有较强的变现能力。视频号类似于一个集成在微信中的小程序,相较于抖音、快手的优势是它可以利用已有的用户资源及无限裂变的关系网,而且它不用单独下载 App,不占用更多空间。

利用微信的平台优势和信息生态结构,视频号广泛地渗透其中,使它的功能最大化。"视频号覆盖了微信生态众多流量入口,有搜一搜、看一看、话题标签、推荐等公域入口,朋友圈、个人名片页、私聊群聊、微信状态等私域入口。2021 年,入口进一步升级,与公众号主页双向打通,公众号主页可展示视频号内容;打通 PC 端、企业微信、微信红包等,展示场景更加丰富,"公域+私域"的结合也让微信生态内流量的流动更加高效顺畅。"②

---

① 杨佳昕、谷悦:《社会化媒体对传统媒体信息传播的启示》,《编辑之友》2014 年第 10 期。
② 西瓜数据:《2021 年微信视频号生态趋势调查报》(https://mp.weixin.qq.com/s/epAZJvnHjJ6FA5EC6ZrVTA)。

直播是视频行业最具商业变现能力的发展方向。在微信手机端的"发现"板块，顶端是"朋友圈"，然后就是"视频号"和"直播"。公众号平台、视频号中都有"直播"标识，可以随时切换。而在 PC 端的微信中，其界面类似于一个综合的视频信息平台，其"直播"板块内容也非常丰富，可以和电视直播对接。当前，通过微信直播看晚会、看演唱会成为用户的另一个选择，也是一个巨大的商机。总之，"微信视频号依托强大的微信用户基数、流量基础和微信关系链的扩散逻辑，大力助推'广电＋平台'融媒格局的形成，让不同渠道、不同媒介之间实现共融共创，扩大内容的传播范围、深化作品的价值影响，更好服务大众生活……视频号成为新闻媒体报道的标配，其独特优势价值愈加凸显"。①

（四）其他视频播出平台

互联网的信息传播生态不断演化发展，特别是针对视频传播的平台路径更是日益丰富。除了以上提到的今日头条、抖音、微信公众号，B 站（bilibili）、爱奇艺、优酷、腾讯视频、芒果 TV 也是当前用户聚集的几大平台。

其中，《这就是中国》在 B 站开设有官方账号，定期更新内容。B 站创建于 2009 年 6 月，是以鬼畜视频（对作品进行二次创作，重组并解构母体文化，从而制造出具有喜剧或讽刺效果的娱乐文化形式的网络自制视频）、二次元、Z 世代（出生日期在 1995—2009 年的中国青少年）、ACG（动画、漫画、游戏）为标志的、弹幕型的社群化视频网站。近年来，为了应对行业变化，B 站正在进行"破圈"或者"抖音"化的转变，竖屏传播、直播带货成为转变方向，但也带来某些争议。相较于今日头条、抖音的智能算法推荐，B 站主要依托社群自身的认同度和黏合度。所以在研究者看来，虽然 B 站的数据不如抖音，但未来发展很难讲谁胜谁负。

另外，创建于 2006 年的优酷、2010 年的爱奇艺、2011 年的腾讯视频、2014 年的芒果 TV 等视频网站及其应用，依托背后阿里巴巴、百度、腾讯、湖南广电的强大资源，以制作传播长视频内容为主，目前占有很大的市场份额。据 2021 年 9 月的统计数据显示，爱奇艺、腾讯视频、芒果 TV 位列前三，月活跃用户规模最高达到 5.26 亿人。

---

① 周煜媛：《总台春晚首度采用竖屏直播，1.2 亿人在微信视频号观赏》，《中国广播影视》2022 年第 5 期。

三、东方卫视的跨屏策略

作为《这就是中国》的制作方,东方卫视曾在 2020 年发布了流媒体战略:

高度关注让内容重新回归用户价值,牢牢抓住内容赋能产业这个基准点,强调用互联网思维,充分挖掘 SMG 多年来积累的内容生产制作能力和多元产业布局能力,以"内容+服务""内容+电商"等多种途径,构建一个内容联动和新消费的闭环。

东方卫视的内容制作与 BesTV+ 流媒体产品深度捆绑,东方卫视将通过深化独立制作人的改革、媒体融合机制的改革、内容创新制度的改革、业绩贡献激励的改革、广告创收机制的改革和影视剧采购管理改革六大改革举措,成立融屏原创节目中心,进行大小屏跨屏节目生产。同时,成立融屏二创部门,为 BesTV+ 产品提供专业的短视频内容产品,实现综艺节目的二次开发和增量。①

在 2021 年,东方卫视继续推动 B+ 战略,提出"全台、全屏、全案、全域"战略。其中的"全屏"指的是"进一步打通电视大屏和手机小屏,凸显百视 TV 节目对中国大众生活方式的引领。同时,我们也将与 SMG LIVE 联合,进一步打通线下剧场'巨屏'——部分节目除在线上播出以外,也将开发线下驻场演出,形成节目内容的全场景延伸和覆盖"②。

结合上文对几大互联网信息平台传播特点的梳理,再分析近年来东方卫视的发展战略,可以说明互联网视听产业还在变革当中。东方卫视的发展战略某种程度上就是基于屏幕、用户、场景所做的产业层面的战略决策。跨屏自然是题中之意。具体来看,它的内涵包括以下三个方面。

首先,通过平台建设掌握跨屏主导权。当前,互联网视听行业的最大流量均掌握在腾讯、阿里、百度、字节跳动、B 站等几大互联网企业当中。传统广电媒体的发展尚有瓶颈,虽然央视、湖南卫视、东方卫视、浙江卫视等一线卫视发展势头良好,但目前大部分媒体还需要和这几家平台型媒体合作以拓展影响力,发挥舆论引导的功能。所以,传统广电的跨屏只是解决渠道问题,而无法解决根本

---

① 李盛楠:《东方卫视:构建内容联动和新消费闭环,融合破局"逆生长"》,《中国广播电视》2022 年第 22 期。
② 林沛:《东方卫视:18 岁正是风华正茂——专访东方卫视中心、上海东方娱乐传媒集团有限公司党委书记、总编辑李逸》,《中国广播电视》2022 年第 1 期。

的舆论格局转换问题。东方卫视近年来的策略,基本上都是围绕平台建设做文章。有政策的扶持、有优质的内容、有一定的先发改革优势,比照芒果TV,重点打造百视TV,逐步通过"内容+服务""内容+电商"打造综合性的信息平台,可以形成由区域到全国的信息中心。这既符合广电媒体的转型路径,也符合国家层面的媒体融合发展思路。

其次,通过跨屏实现内容的增值。跨屏是实现智能手机的小屏、PC端的中屏、电视的大屏、户外巨屏的多屏信息传播。这里还牵涉当前跨屏传播中的视频长度策略,比如,手机端更多的是1分钟以内的短视频和10分钟左右的中视频,其他端口则倾向30分钟以上的长视频。户外的情况比较复杂,因此屏幕大小和视频长度还有一个耦合问题。但是不管何种组合,内容依旧是视频产业的核心资产,任何一个平台媒体,没有高质量的内容都将失去竞争优势。芒果TV能在互联网视听产业占有一席之地就是靠着湖南卫视的独有资源。有学者不看好抖音的未来发展,认为单纯依靠用户生产模式不可持续。另外,跨屏在这里有以下两个含义:一是平台内的跨屏;二是跨平台的跨屏。前者是一种闭环或内循环,是自制内容在内部的价值再造;后者是开放式的外循环,是依托更多的平台实现自制内容的价值增值。其核心还是自有平台和内容。

最后,通过技术革新调整跨屏策略。根据相关研究机构对2021年视听行业的调查研究,"随着超高清视频用户规模形成,电视大屏智能化、高端化演进等多因素推动,电视端日益引起长视频平台重视"[①]。其中,腾讯的云视听极光、爱奇艺的银河奇异果、优酷的CIBN酷喵影视在应用媒体市场所占份额排前三。平台应用电视端月活增速明显,大屏增量显著。这些变化需引起业界重视,至少说明技术的发展随时在改变着行业的形态,而掌握技术、用户与渠道的平台媒体依然有巨大的竞争优势。传统媒体应抓住大屏传播的优势,通过技术革新掌握一定的主动权。

---

① 教嘉、贾子:《2021年网络视频市场盘点》(https://mp.weixin.qq.com/s/jDCXrAXrTnb3-qJhLrYI8A)。

第四章　互联网时代电视评论的跨屏传播

第二节　《这就是中国》的跨屏传播

《这就是中国》是东方卫视重点打造的电视评论节目。通过东方卫视的流媒体战略和传播的跨屏策略，该节目近年来在海内外获得了很高的专注度和讨论度。截至2022年3月，在B站，《这就是中国》播放量达6 144.8万次，订阅量为100.8万，点赞是78.1万。在海外平台《这就是中国》已上线正片135期，短视频2 331条，覆盖了196个国家和地区，共计逾11.9亿人次，总观看次数超过6 573万次，总观看长度超过2 183万小时，总点赞数超过98.6万次，总分享数超过50万次，总评论超过16万条。[①]从这些数据大致可以看出，节目主要是通过平台型媒体进行传播的。传播的社交属性非常明显，很好地实现了多屏互动。以下将从节目跨屏传播所体现的系统性特征进行简要分析。

一、节目跨屏传播体系

目前，基于互联网技术特点和媒体融合发展现状，《这就是中国》可以在多个端口，通过大屏、中屏、小屏，以各种长度规格和内容形态进行传播。受众也可以自主选择这些端口获取相关的内容。虽然便捷，但基于传播主体、传播内容、传播渠道的特点，节目的跨屏传播总体上还是按照特定的顺序有秩序地展开。

（一）节目是以大屏、长视频内容传播为中心的

这个中心地位，从时间维度来讲，所有互联网媒体平台有关《这就是中国》的节目信息都源自每周一晚10点东方卫视播出的节目。在这个时间段内节目以近50分钟的时间，以最完整的评论形态出现，由张维为和邀请的嘉宾针对特定议题系统地阐述他们的理论和观点。从观众的角度也可以完整地了解嘉宾的观点和论证方法。特别是从方法的角度，看清楚嘉宾是如何推导这个问题的结论的，由此判断这个结论是否符合逻辑，是否能够建立起经得起质疑的中国话语和中国理论。从内容维度来讲，评论本身是传统媒体的优势。东方卫视既有体制、政策、技术优势，又以新闻立台，有强大的制作资源。整个节目体系，包括《看东方》

[①]　复旦大学中国研究院：《第145期：〈这就是中国〉走向世界》（http://www.cifu.fudan.edu.cn/cb/94/c412a445332/page.htm）。

《东方新闻》《今晚》等大型新闻节目，一方面对《这就是中国》有很好的支撑作用，另一方面也形成了东方卫视在全国独树一帜的内容品牌优势。2014年开启的主流媒体改革，经过近10年的发展，东方卫视（SMG）可以被看作除央视（CMG）之外的另一个大型的新闻制作机构。从当前国内的媒体格局来讲，传统媒体立足大屏、长视频内容，通过制作精品节目，依旧可以保证其中心地位。

（二）节目是以中屏、小屏的多形态内容传播为支撑的

需要说明的是，《这就是中国》的长视频内容除了在电视端大屏播出，也可以在 PC 端和手机端通过东方卫视、B 站等的网页、App 播出或点播。但这不能否定大屏的优势。对于大部分观众，大屏是和传统媒体、党媒、权威、严肃相关的。PC 端和手机端的中屏、小屏一方面意味着更多的传播主体参与进来，另一方面使受众除了长视频内容还有更多形态的节目相关信息可以获取，对节目内容的理解有很好的支撑作用。比如，受众可以通过复旦大学中国研究院网页、观察者网检索到与节目有关的文字资料。还可以通过各种平台媒体，特别是视听媒体搜索观看观视频工作室制作的相关评论类视频内容。从当前中屏的应用场景来看，特别是 PC 端的应用，多和工作学习场所有关，这也是更适合文字内容传播的原因。另外，前文提到，在特定场景，受众有同时使用多个屏幕的行为特点。比如，一边看电视，一边查询节目有关信息，这样大屏、小屏就出现了互动的情况。小屏对大屏也就有了支撑性的作用。

（三）节目是以小屏的多形态内容传播为影响力延展的

小屏主要指的是手机端的信息接收和传播。目前，智能手机的使用非常普遍和普及，几乎在大屏、中屏传播的信息都可以通过手机端获取。但由于小屏的技术特点和规格所限，它的主要功能就是通信、社交、支付和其他公共服务，其中的信息是以短和碎片化为主要特征的。长视频内容、长文字内容不适合受众观看和阅读，因此《这就是中国》节目通过与今日头条、抖音、微信、微博合作发布短篇文字、短视频或中视频，通过庞大又不断延伸的社交网络，一方面为节目做宣传预热，另一方面通过剪辑节目片段，突出嘉宾的观点，传播新的话语。

总的来说，《这就是中国》节目的传播是一种互联网环境下的有秩序的体系化传播。它的诞生既有传统媒体的政治基因，又有新媒体的技术基因。它是在党

媒主导下，运用互联网思维和视听传播思维，以电视端的大屏传播为原点和中心，以 PC 端的中屏传播为支撑，以智能手机端的小屏传播为延展形成的由中心到边缘，再由边缘到中心的传播结构。党媒保证了评论的权威性，社会化媒体扩散了这种权威性也支撑了这种权威性。

二、节目中小屏传播路径的分析

作为一档周播的电视评论节目，《这就是中国》如果单纯依靠电视端的播出是很难完成建构中国话语、讲述中国故事、坚定"四个自信"的任务的。所以，通过互联网的多个平台、多个路径形成传播矩阵，就能够最大限度地发挥评论的作用，以达到最终的目的。以下将简要介绍和分析这些平台路径的特点。

（一）东方卫视和《这就是中国》内容传播路径

1. 客户端＋长视频

作为《这就是中国》的主要制作单位，东方卫视如前文所述，通过流媒体战略多平台多路径进行节目播出。传统电视的大屏传播如今也可以通过智能电视的相关功能进行直播、点播观看。观众还可以通过上海广播电视台（SMG）官方新闻客户端"看看新闻 Knews"进行节目的在线观看或回看（一周内）。"看看新闻"设有精选、直播、新闻、发现、电视频道、电视栏目六个栏目，以新闻和直播功能为主。《这就是中国》没有专门单列设置栏目，观众也可以通过搜索查看往期节目。在观看节目时，屏幕上会出现两个功能按钮，一个用以截图，且可以分享、保存。另一个是分享按钮，可以分享至微信好友、微信朋友圈、QQ、新浪微博。

2. 今日头条＋短视频

东方卫视在今日头条开设有官方账号，截至 2022 年 6 月有 110 万粉丝，主要以短视频方式推介电视剧和综艺节目，设有点赞和评论功能，但数量较少。

"东方卫视这就是中国"节目官方账号目前有 24 万粉丝，每天更新 3 条左右节目短视频。屏幕显示，视频最多播放量达到几十万次，最少也有几千次。相较于东方卫视，《这就是中国》节目的账号内容较为丰富，不仅有短视频，还可以在"文章"板块看到节目文字内容，在"微头条"看到每期节目的图文预告，在"合集"部分有按主题整合的各集视频，还有"问答"板块等。当然，目前存在的问题是除"视频"外,其他板块基本处在停更状态。

切分成短视频的《这就是中国》节目可以分解成以下三个部分:一是标题,二是视频,三是分享、收藏、评论和点赞的互动社交功能。标题的特点是比较简短,以疑问句为句式特点。这些疑问有的来自嘉宾演讲内容的整合,有的来自节目中的观众提问。比如,针对《从"美国军工复合体"说起》这期节目,4月12日有两条短视频内容,标题是"美国的军工复合体从何而来?"和"军工复合体是如何操纵美国的"。4月15日再次切分为四条内容,分别是"美国军工复合体失控,能否找到解决之路?""俄乌冲突中美国军工复合体发挥哪些作用?""军工复合体是否会使美国走上军国主义的道路?""历史上,美国是否有机会消解军工复合体?"除此之外的标题通常带有批判性色彩,如"美国'点火''乌俄战争'的目的是'割朋友的韭菜'""'政治正确'让欧洲没有能力对自己的安全事务做主""美西方遭遇'人心散了,队伍不好带了'的窘境"等。对于视频内容,时长基本在3分钟以内。屏幕封面以人物为中心,左上方有标题,左下方有播放次数,右下方有播放时长,观看时可以拖动进度条。对于社交功能,在内容视频的下方设有分享、收藏、评论和点赞的标识按钮,还有相关主题视频,最下方是可以滑动下翻观看的评论内容。查看评论的时候,视频可以保持播放状态。每条评论设有回复、点赞、反对功能,纵观这些评论,绝大多数是赞同,少数是反对和质疑。

3. B站+长视频

《这就是中国》在B站开设有官方账号,可以通过PC端的网页和手机端的应用点播收看。该节目在B站划分在纪录片类别,每期更新,是完整的长视频。截至2022年6月,该账号显示已有7 485.3万次播放,观众发出19.1万个弹幕,有111.1万人追剧。点播时可以看到同时有几人正在看,已有多少条弹幕。这些弹幕既可以在屏幕上看到,也可以通过旁边的"弹幕列表"按时间序列检索,弹幕内容可以举报,也可以屏蔽该用户。同时还有点赞、转发等功能。

观众可以通过以下两种方式进行互动反馈。一是弹幕。弹幕是B站的独有功能,相较于留言形式的评论,屏幕上由右向左飞过的弹幕是观众在观看过程中实时发出的评论。这些评论总体上是口语化的、即兴发出的。比如,在第143期《中西方的又一次理性对话》中,大部分观众发出了关于西方宗教、西方的语言、有关文明型国家、中西关系的评论，有的观众则是讨论同期嘉宾范勇鹏的"发型"，还有人说主持人漂亮，还有观众讨论有没有背景音乐、是不是考研知识点，或者直接说"说得好""一语中的""嗯嗯嗯""范神说得好"，等等。另外，观众之间还有弹幕互动。在个别几期中也会看到，当观众不认同嘉宾的观点时，会用"哈哈哈"等方式回应。

另一种互动反馈方式是在屏幕下发表留言评论，这些评论与弹幕明显的区别是针对特定的问题进行较严肃的讨论。比如，在第143期中，有观众留言"美国人太坏了"，随后就收到了67条回复，如"不会真有人以为美国实行资本主义不坏吧""我们爱好和平，但绝不代表我们好欺负。朋友来了有好酒，若是豺狼来了，迎接它们的是猎枪""中国很多对实体经济的冲击根源都在美元滥发"。这些回复有的是针对楼主第一条留言的，也有的是回复之间的相互讨论。比如，有人说"是不是应该看看自己有什么问题"，有人则回复"这是让受害者反思是吧"，等等。

总的来说，B站是《这就是中国》除官网和官方App之外长视频跨屏传播的主要路径，因为互动性强所以收获了超高的观看量，且有上百万人跟踪收看，几乎节目列表中的所有节目都有人同时收看。

4. 微信公众号＋图文＋短视频

东方卫视和《这就是中国》在微信公众号开设有官方账号。认证主体是上海东方娱乐传媒集团有限公司。公众号的功能比较类似，东方卫视有"消息""视频号""服务"三个板块，《这就是中国》只有"消息"和"视频号"两个板块。

和今日头条的账号一样，东方卫视公众号的内容主要也是节目预告和节目内容剪辑。《这就是中国》的预告信息会在周一下午上线，公众号的标题格式比较固定，如"《这就是中国》听张维为分享中西方的又一次理性对话"。内容是图文版的节目预告和30秒的链接"视频号"的节目内容剪辑。视频号封面和标题是经过艺术处理的，用的是主讲嘉宾的近景照片，用大字号的红色、白色等字体修饰标题，句式形态比较有冲击力，如"俄罗斯，生存还是毁灭""普京的'梦醒时分'标志着俄罗斯大彻大悟"等。需要注意的是，节目的宣传语变成了"讲中国故事、讲我们的故事"。公众号会显示阅读数和点赞数，平均阅读数在4 000左右，点赞数较少。

《这就是中国》的公众号几乎每天更新2～3条信息，内容大概分为以下四类：一是节目预告，时间上稍晚于东方卫视公众号预告；二是节目同步视频；三是同步视频圆桌讨论；四是同步视频文字和音频。后期基本是视频和文字、音频同时发布，有抖音链接和视频号链接。视频音频长度5分钟到30分钟不等。标题相较于今日头条表述得比较中性，如前文提到的4月12日的内容，在公众号上的标题为"范勇鹏：从'美国军工复合体'说起"和"圆桌讨论：军工复合体成为美国一大'毒瘤'，军政商勾连难以根除"。

对比今日头条的官方账号，很明显东方卫视目前在微信公众号上投入得更多，内容更为丰富，图文和视频的设计更为精细。

5. 抖音＋短视频

东方卫视和《这就是中国》在抖音上也开设了官方账号。但东方卫视主要是对综艺节目的宣发，几乎没有《这就是中国》的内容。《这就是中国》虽和东方卫视账号有互动，但基本是独自承担了内容的发布。

截至2022年6月，"东方卫视这就是中国"官方账号有粉丝150万，获赞1 314万，发布短视频作品近2 000个，几乎每日更新。不能直接跳转微信公众号，用文字标注"更多内容：官方微信公众号：这就是中国"。通过搜索可以链接西瓜视频看到长视频内容，但内容不完整。

账号有视频合集。短视频内容的形式规格与微信的视频号内容一致，竖屏播出，上方是《这就是中国》的logo标识，中间是短视频，下方是当期标题。整个设计以红蓝色调为主，这和电视端的长视频风格一致。有点赞、评论、收藏、转发的功能。

和B站的评论类似，虽然没有即时的弹幕，但评论区总体上是比较活跃的。以它置顶的一个短视频，也就是前文提到的"军工复合体"一期为例，点赞达到34万，转发达到4万，收藏达到3.5万，评论达到6千以上。这些评论中，赞成的占大多数，如"我心中只有中国才是我的祖国，所以只有中国真正强大起来，我们才能真正安全，才能得到尊重""这种讲座必须进学校""分析得透彻""讲得太清晰了""视野开阔"，等等。但也有质疑，比如，"别老说一些无从验证的故事""全部是故事"，等等。

（二）合作方"观视频"和复旦大学中国研究院内容传播路径

1. 观视频及观察者网的中小屏内容传播路径

据公开资料显示，观视频是上海漾漾文化传播有限公司旗下的独立视频工作室，成立于2016年，致力于开发制作学术、思想类知识短视频。观察者网是一家新闻时评集成网站（online news and comments aggregator），和上海春秋发展战略研究院合作，致力于"提供独家热点评论，全球主流外媒关注焦点，以政治波普情趣阅读为读者打造不同凡响资讯体验，反映当下中国及全球背景下各种思潮的碰撞交锋"[①]。从网络上传播的相关信息来看，两家媒体有很多业务关系。比如，张维为既是观察者网的观察员和专栏作家，也是观视频制作的学术短视频"维为道来"的主讲人。相关内容可以同时出现在两个媒体。

观视频工作室以制作传播学术短视频为主业，在今日头条、抖音、微信公众号、B站等平台媒体都有官方账号。以B站为例，它的宣传语是"保护年轻人的求知欲"，目前已经有400多万粉丝，视频播放量达到6.7亿。有29个视频合集，以长视频为主，包括《这就是中国》《见谈》《一勺思想》等合集。其中，"中国大思政"很多内容是剪辑自张维为等参与的江西卫视《闪耀东方》节目，"维为道来"剪辑自《这就是中国》节目。在抖音平台，它有200多万的粉丝，宣传语是"理性看世界、自信看中国"，内容是对《这就是中国》《眉山论剑》《南山见解》《大师计划》等专题的短视频制作。在微信公众平台，它以时政、文化、历史的图文、视频信息内容为主，可以看出其开发的相关短视频内容愈加丰富，来自高校、媒体的更多的自媒体人也加入其中。

观察者网是一家综合性的时政新闻和评论媒体，它在各大平台媒体也开设有官方账号。它的网页版以文字为主，多以较长篇幅对时政问题进行评论，张维为、范勇鹏、金灿荣及很多国外的媒体人、学者等都有专栏。评论区网民的回复也比较严肃理性。在B站，观察者网则以中长视频为主，宣传语为"广受年轻人心疼的时政网站"，粉丝达到750万，视频播放量达到66.9亿。开发的视频专题也很丰富，制作风格比较活泼多样。比如，复旦大学沈逸主讲的"逸语道破"，谷智轩主讲的"轩讲"等。微信公众号则以时政新闻为主。

---

① 观察者网：《观察者网简介》（https://www.guancha.cn/about/about.shtml）。

2. 复旦大学中国研究院的内容传播路径

张维为、范勇鹏等《这就是中国》的节目嘉宾均来自复旦大学中国研究院。据官网介绍，该院由复旦大学中国发展模式研究中心和复旦大学新政治经济学研究中心联合组建而成，为首批国家高端智库建设试点单位。"研究院宗旨为分析中国崛起的原因和规律，进行关于中国道路、中国模式和中国话语的原创性理论研究和政策研究，推动中国思想和中国话语在世界范围内的崛起。"它在研究、咨政、传播和培训四个领域推动建设新型智库，并与上海春秋发展战略研究院及观察者网建立了战略伙伴关系。

研究院网站上有《这就是中国》节目和观察者网的宣传图文，设有"动态新闻""评论观点""视频影像""东方学刊""学术研究"等板块。其中，"动态新闻"板块主要是《这就是中国》节目每一期的文字版和相关学院新闻。"评论观点"是研究团队、特邀研究员，包括郑若麟、王绍光、金灿荣、马丁·雅克等人发表在各大媒体文章的转载。"视频影像"板块有观视频工作室在B站、搜狐、腾讯、爱奇艺参与制作的《这就是中国》及相关知识类、评论类短视频网址链接，还有张维为等人接受各大媒体采访的视频及其相应的视频文字内容。

中国研究院在微信开设有公众号，公众号的内容主要有以下三类：第一类是《这就是中国》节目的图文和短视频；第二类是包括张维为在内的学院研究人员、特邀研究员参加学术活动的发言、发表的学术文章，其中有部分来自观察者网或观察者网的时评专号"底线思维"；第三类是研究院动态。

（三）张维为自媒体号的传播路径

张维为是《这就是中国》的主讲嘉宾，不仅是复旦大学中国研究院的院长，也是国内较早研究和提出建构中国话语、提高国人自信的学者和媒体人。他本人的履历，特别是他的官方背景及其多次参与官方相关议题研讨会的经历，都使他具备成为自媒体人的资历和能力。而如果把这种能力和国家的需求放在一起理解，那么他通过开通自媒体账号发声也顺理成章。

从目前以"张维为"为名开通的官方账号来看，应该是与观视频工作室、观察者网共同合作完成的。无论在风格上还是内容上，都和两家媒体相关的内容有一致性或相似性，且属于前文所说的《这就是中国》传播体系中的重要一环。

第四章 互联网时代电视评论的跨屏传播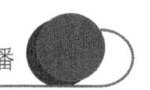

目前,"张维为"在今日头条、抖音、B站、微信公众号等平台媒体均开设有官方账号。以图文和短视频为主,内容大多同步更新,但也有一定差异。

在B站,截至2022年6月,"张维为"有37.5万粉丝,有81条视频。内容分为以下四类:第一类是偏重时事评论的"维为道来"专题短视频;第二类是偏重历史分析的"回忆与思考"专题短视频;第三类是张维为与国外学者的对话讨论短视频;第四类是《这就是中国》剪辑的短视频。从视频上标注的数据来看,这些视频的观看量很高,从几万次到上百万次都有。比如,关于乌克兰议题的视频,时长9分11秒,观看达到103万次,弹幕3400多条,平均每秒有6条弹幕飞过,评论也达到960条。这些评论大部分是比较理性地对问题进行探讨,观看者之间就问题的二次探讨有的达到50条。还有一个看点是张维为与国外学者的对话,比如在复旦大学中国研究院主持的思想者论坛国际公开课(Thinkers Forum)上与印度学者维杰·普拉萨德(Vijay Plashad)的对话,与俄罗斯学者亚历山大·杜金(Aleksandr Dugin)的对话等。这也是观众比较期待的一场对话,因为大部分观众认为建构中国话语不是自说自话,而是需要通过对话、沟通、辩论去寻求认同。从观众的反馈来看,这种内容的传播效果值得肯定。

在今日头条,"张维为"有370万粉丝,已发布688个头条。有文字、视频、微头条、小视频等板块和内容,和B站的内容基本同步。在抖音有124万粉丝,已发布734个短视频,主要内容是《这就是中国》的内容剪辑。观众的互动也很频繁,总体评论正面。微信公众号的主要内容是"维为道来""回忆与思考"的文字版。没有设置评论功能,只能看到阅读量、点赞量和收藏量。

三、节目跨屏传播效果审视

"电视跨屏互动借助先进的技术手段,开启了'大屏观看、小屏互动'的收看模式,渗透到所有节目类型中。"[①] 技术依旧在不断变化,智能电视使大屏也可以互动,小屏的功能则更加丰富。由此看来,针对电视节目的跨屏传播研究是一种进行时态,而不是完成时。甚至跨屏传播研究本身也还有许多理论问题需要继续研究、不断完善。因为依照麦克卢汉的媒介即讯息理论,当屏幕作为一种信息媒介或技术媒介发生变化时,它所带来的是一种更广泛的社会行为或社会规则的

---

① 赵树清、尹逊钰、曾昕旻:《电视跨屏互动场景化营销研究》,《现代传播》2017年第5期。

变化。从上文对《这就是中国》节目的跨屏传播分析来看，很难讲跨屏传播究竟带来了哪些根本性的社会变化。正如今日头条、抖音的智能推送，尽管迅速地"笼络"了海量的受众，但B站的Z世代社群看起来更具黏性，或者是微信的熟人圈更具稳定性，更或者是人的因素会发生最终作用，如传统的舆论领袖或二级传播等。更多的媒体平台意味着又回到了大众传播时代，因为所有平台传播的内容都类似，且都在试图破圈，那么选择哪一个只是个人喜好问题。总之，在总结《这就是中国》这类评论节目的跨屏传播效果的时候，还是要首先打破一种看似先进实则复杂的技术思维，回到社会基本逻辑上思考节目效果究竟和什么有关系。

首先还是要考虑技术因素对传播效果的影响。现代社会就是技术社会，对于信息传播，技术首先改变的是"量"的问题，其次是"质"的问题。"量"和速度、效率相关，就是单位时间内获取的信息量不断增加，直至改变接收者的行为习惯。在前互联网时代，有线电视和卫星电视已经大大增加了视听信息的传播量，人们已经开始用遥控器和录像机改变收视习惯。而在互联网时代，这个量又以几何级数增加，而人们的收视习惯只不过是从换频道变成了换App，用点播功能取代了录像机。手机原本就是通信设备，所以如今的社交媒体并没有改变什么，只是将人们用以社交的碎片化时间进行某种商业活动，即售卖更炫目的视听产品获取利益。回溯过去，在20世纪中期以后，其实就已经出现了所谓的快餐文化，而且似乎更适合现代人。所以长视频被拆分成短视频，用以快速地获得利益。而长视频并未失去它的价值，只不过是在特定阶段、特定场景受到影响。基于这样的考量，笔者认为传统媒体或者电视端的长视频依旧具有很好的存在价值，所谓的互联网促动的短视频的出现只需要考虑特定场景的需求。正如在某种意义上，文字评论是视听评论的规则，长视频也是短视频的规则。东方卫视和观视频、复旦大学中国研究院强强联合制作的每期内容分长达50分钟的《这就是中国》正是它的核心竞争力的体现。

其次要整体考量视听行业的市场变化。这里包括以下两个层面的意思：一是视听行业本身带有技术特点，但技术与市场会在特定阶段产生"合谋"，即违背规律的技术与市场的结合会产生市场泡沫。当前所谓的5G、8K、VR、AR、AI等到底能给行业带来什么，还是要谨慎研判，高投入未必能带来高产出；二是基于技术的渠道建设和高质量的内容制作需要及时作出平衡和调整。目前，短视频

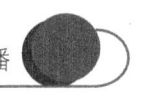

第四章 互联网时代电视评论的跨屏传播

向中长视频过渡，长视频又被拆分成短视频投入市场。总之，不可忽视短视频和短视频平台对观众和用户的导引和导流作用。同时，各个平台之间的所谓的跨屏传播要逐步体系化，雷同化的内容势必不能长久，还是要根据各个平台受众的特点进行差异化的处理。当前，《这就是中国》这种类型的评论节目正被其他卫视模仿制作，虽然该节目有制作团队的优势，但它的传播方式很容易复制，因此需要根据市场形势及时作出调整。

最后要注意利用政策因素。这里的政策因素有以下三个方面的含义：一是如前文所述，制作电视评论节目是传统媒体的优势，因为它有体制和政策上的保障。《这就是中国》的制作方，无论是东方卫视、复旦大学中国研究院还是观视频工作室都在国家的政治体系中有一定的关联。这保证了它的制作方向不会出现问题，制作方也有改革创新的动力。二是这个节目既可以被看作媒体制作的一档电视评论节目，也可以被看作高校科研机构或智库进行学术交流的平台。这给了它更大的创作空间。比如，张维为通过中国研究院开展的对外交流可以通过节目进行传播或成为节目的资料支撑，同时还可以整合观视频或观察者网的内容体系进行传播，最大限度地发掘节目的内容潜力。将政治问题转换成学术问题，或进行有机融合，确实是该节目的一大特点。三是利用宽松的政策环境加强和观众的互动，提升节目的影响力，提高观众的认同度，实现中国话语的多维建构。从数据来看，《这就是中国》之所以在B站等平台有非常高的播出量和评论量，是因为观众可以通过弹幕和评论区进行开放的讨论。张维为也说，任何问题都可以讨论，那么这种充分的互动会有效地提升评论节目的影响力，更可以获得认同，使得中国话语建构不仅仅囿于高校和学术机构，还可以拓展至民间。虽然这有一定的难度，但这个节目的成功之处，应归功于这种讨论氛围和环境的支持。

总之，节目的跨屏传播关注的是复杂环境中传播的渠道问题和传播效果问题。在笔者看来，效果如何，涉及技术、市场和政策因素。评论节目有其自身的特点，不能和一般的电视节目相提并论。特别是在当前的市场和政策环境中，通过多主体的联合，并注意和受众的互动，能很好地达到传播的目的。

结　语

在现代社会，评论是人们基于大众媒介对社会政治现象或问题的评论。因社会政治不断演进且日益复杂化，所以评论既具有历史性也具有普遍性。理解和研究媒体评论，首先要明确评论的属性是什么，即它内含的政治规则该如何理解。但遗憾的是，即使现在人们已经把政治当作一种科学去研究，但还是无法在什么是政治、什么是好的政治等议题上达成一致。这说明两个问题：一是政治现象十分复杂，或者政治依旧在发展当中；二是政治是一种话语，评论在某种意义上其实争论的是一个话语权问题。

当前，在中国政治、经济、社会发展取得巨大成绩而面临西方误解和话语霸权的背景下，在中国哲学社会科学长期以来学习西方但尚未根据中国几千年文明史和自己的现代化进程建立起自己的话语体系的背景下，在互联网和新媒体技术不断改变和影响传统舆论格局的背景下，在党的十八大以来，习近平总书记多次强调建构中国话语体系、讲好中国故事的背景下，国内自2016年以来出现了《中国正在说》《这就是中国》《闪耀东方》等电视评论节目。它们通过阐述理论、解读历史、评论时事、对话讨论解构西方话语，建构中国话语，引起各界关注。

据此，笔者立足中国实际，基于马克思主义的唯物史观、党的理论及新闻舆论工作的指导原则，以"新时代"和"百年未有之大变局"为纵向时间坐标，以当前中国国家治理、中西方关系发展现状等为横线的空间坐标，以东方卫视《这就是中国》节目为例，从评论的话语特征、评论的视觉化、评论的话语创新、评论的跨屏传播策略四个方面对我国的电视评论节目进行了研究，以期探讨如何创新建构中国话语体系以支持中国社会经济发展，应对当前复杂的国际局势。

在笔者看来，评论话语创新首先是基于中国实践的理论创新。近年来，学界已经从多个学科领域、多个视角重新反思梳理了几千年来中华文明对现代中国国家建设中制度、文化等方面的贡献，反思中国在现代化进程中吸纳西方现代文明成果的得与失，并试图在两个方面找到连接点。其中，最重要的是一些学者将中华文明演化、马克思列宁主义中国化、改革开放以来的中国现代化的相互关系进行了理论和实践方面的研究探索。张维为出版的系列著作可以看作这些研究当中的一部分。他对文明型国家、中国模式等问题的论述虽然在学界尚有争论，但不可否认的是，他的很多见解值得肯定。创新性、开放性和实用性是其理论的特点。当然，他的论证方法也有值得改进的地方，比如一些概念的使用还需要严谨，还需要完善理论框架，对比分析还需要注意论据的平衡使用。

其次，评论话语的创新应是一个体系化的创新与建构过程。电视评论和传统的文字评论不同，它不仅是文本的改造与创新，还涉及技术和体系化两个层面的内容。具体来说，《这就是中国》这档节目的优点在于：一是综合运用了电视的制作技术，实现了评论的形象化、空间化和艺术化。特别是运用影视制作技巧，使音乐、色彩、画面剪辑体现一定的审美性，使观众在进行严肃思考的时候，也能有精神上的放松。二是通过嘉宾的选择来实现官方话语、学术话语、媒介话语的融合。官方话语为核心，但是学术话语能很好地实现对话，媒介话语则可以吸引更多的受众参与。当然这档节目还有需要改进的地方，比如，它在形式上稍显刻板和程式化，宣讲意味较浓，对话占比较低，后期节目内容稍显分散。总之节目还需要保持话语体系的一种合理结构，可以借鉴综艺节目的手法，但也要保持评论节目的内核不至于流散。

最后，节目跨屏传播的策略选择。跨屏传播并非学术研究的热点，它更多强调的是一种节目的营销，是为了优化信息传播的端口和应用场景的组合，以实现传播效果的最大化。从这个方面来看，《这就是中国》可以被看作传统主流媒体建构全媒体传播体系改革的优秀案例。作为制作方，东方卫视主打长视频制作和传播，观视频工作室主打短视频制作和传播，复旦大学中国研究院则主打图文制作和传播。它们通过当前国内头部平台媒体，通过智能算法推送、社群、朋友圈进行全方位高黏性的信息传播，基本达到了媒体和渠道的全覆盖。笔者认为，作为评论节目，跨屏传播的重点不在"屏"，而在可以通过弹幕、评论区、点赞、转发、分享等功能和观众进行广泛而有效的互动。社交媒体时代，这样的互动无论是对评论、评论话语建构还是中国政治的发展，都非常有益。而如果这种互动没有达到这个目的，或有意无意地降低了互动的效果，都需要重新思考和改进传播策略。

总之,《这就是中国》这类电视评论节目的出现和广泛传播对于创新和建构中国话语体系、讲好中国故事确实发挥了很好的作用。同时也应清醒地认识到,当前无论是在理论上还是在实践上,话语建构都还有相当的难度。在笔者看来,归根结底,还在于中国政治的改革与发展、中国国家治理体系与治理能力的现代化,还有全过程人民民主的巩固与完善等。

参考文献

[1] Georg Kneer、Armin Nassehi:《卢曼社会系统理论导引》,鲁贵显译,巨流图书公司 1998 年版。

[2] [德] 艾克哈特·托尔:《新世界:灵性的觉醒(修订版)》,张德芬译,四川文艺出版社 2016 年版。

[3] [新] 艾伦·贝尔、[澳] 彼得·加勒特:《媒介话语的进路》,徐桂权译,中国人民大学出版社 2016 年版。

[4] [英] 安东尼·肯尼:《牛津西方哲学史(第 3 卷)近代哲学的兴起》,王柯平译,吉林出版集团有限责任公司 2016 版。

[5] [美] 布坎南:《自由、市场和国家:80 年代的政治经济学》,平新乔、莫扶民译,上海三联书店 1989 年版。

[6] 曾一果、许静波:《中国传媒文化百年史》,南京师范大学出版社 2018 年版。

[7] 陈才俊:《唐宋八大家精粹》,宋思佳、许祯注译,海潮出版社 2015 年版。

[8] 陈润华、黄勇:《韬奋出版思想研究》,文汇出版社 2019 年版。

[9] 陈学明:《什么是推动中国改革开放成功的根本原因:兼评张维为先生的〈中国震撼〉》,《上海师范大学学报》(哲学社会科学版)2011 年第 4 期。

[10] 程曼丽、乔云霞:《新闻传播学辞典》,新华出版社 2012 年版。

[11] 褚孝泉:《言为心声:语言、思想、文化论集》,复旦大学出版社 2012 年版。

[12] 戴小江:《在对比中坚定信心:读〈中国震撼:一个"文明型国家"的崛起〉》,《中共山西省委党校学报》2012 年第 35 期。

[13] 杜道流:《西方语言史概要》,北京交通大学出版社 2008 年版。

[14] 范桥、夏小飞:《二十世纪中国名人书信集(文情卷)》,中国文联出版公司 1998 年版。

[15] 方铭:《中国古代散文选析》,安徽教育出版社 2018 年版。

[16] 方兴东、石现升：《微信传播机制与治理问题研究》，《现代传播》2013年第6期。

[17] 冯晓临：《电视节目形态学》，上海人民出版社2019年版。

[18] 傅璇琮、蒋寅：《中国古代文学通论（先秦两汉卷）第二版》，辽宁人民出版社2016年版。

[19] 宫承波：《新媒体概论（第八版）》，中国广播电视出版社2020年版。

[20] 郭庆光：《传播学教程（第二版）》，中国人民大学出版社2011年版。

[21] 郭台辉：《语言的政治化与政治的语言化：政治学方法论的"语言学转向"问题》，《政治学研究》2019年第4期。

[22] 何平：《文化与文明史比较研究》，山东大学出版社2009年版。

[23] 黄河东：《奥巴马传》，南海出版公司2009年版。

[24] 黄匡宇：《理论电视新闻学》，中山大学出版社1996年版。

[25] 黄霖：《文心雕龙汇评》，上海古籍出版社2005年版。

[26] 黄慕雄、林秀瑜：《电视节目制作（第二版）》，暨南大学出版社2018年版。

[27] [法] 亨利·列斐伏尔：《空间政治学的反思》，陈志梧译，上海教育出版社2003年版。

[28] [美] 赫伯特·甘斯：《什么在决定新闻：对CBS晚间新闻、NBC夜间新闻、〈新闻周刊〉及〈时代〉周刊的研究》，北京大学出版社2009年版。

[29] [秘鲁] 赫尔南多·德·索托：《资本的秘密》，江苏人民出版社2001年版。

[30] 焦润明：《晚清生活史话》，东北大学出版社2017年版。

[31] 晋察冀边区阜平县红色档案丛书编委会编：《晋察冀日报文摘》，中共党史出版社2017年版。

[32] 谢庆奎：《当代中国政府与政治》，高等教育出版社2003年版。

[33] [美] 加里·R.埃杰顿：《美国电视史》，李银波译，中国人民大学出版社2012年版。

[34] 李白萍、李荣、薛颖轶：《数字电视原理》，西安电子科技大学出版社2016年版。

[35] 李法宝：《影视文化传播论》，中山大学出版社2017年版。

[36] 李晶晶、李升祥:《纪录片》,吉林大学出版社 2019 年版。

[37] 李康、李思婳:《电视导演基础》,中国广播电视出版社 2016 年版。

[38] 李林容:《把脉我国电视节目娱乐化"症候"》,中国广播电视出版社 2017 年版。

[39] 李琼、孙清华:《爱国主义教育视野下"张维为现象"探析》,《思想教育研究》2015 年第 3 期。

[40] 李如龙:《汉语特征研究》,厦门大学出版社 2018 年版。

[41] 李盛楠:《东方卫视:构建内容联动和新消费闭环,融合破局"逆生长"》,《中国广播电视》2022 年第 22 期。

[42] 李停战、周炜:《数字影视剪辑艺术与实践》,中国广播电视出版社 2006 年版。

[43] 莉斯塔娜:《希拉里:我的抉择时刻》,北京联合出版公司 2015 年版。

[44] 连少英:《美国品牌电视新闻节目研究:以三大电视网和 CNN 为例》,中国传媒大学出版社 2016 年版。

[45] 梁建增:《〈焦点访谈〉红皮书》,文化艺术出版社 2002 年版。

[46] 梁启超:《中国沉思 梁启超读本》,内蒙古大学出版社 2008 年版。

[47] 林沛:《东方卫视:18 岁正是风华正茂:专访东方卫视中心、上海东方娱乐传媒集团有限公司党委书记、总编辑李逸》,《中国广播电视》2022 年第 1 期。

[48] 林尚立:《当代中国政治:基础与发展》,中国大百科全书出版社 2017 年版。

[49] 林骧华主编:《外国学术名著精华辞典》,上海人民出版社 1994 年版。

[50] 刘大胜:《五四那些思想》,万卷出版公司 2019 年版。

[51] 刘会柏、谭斌主编:《政治学原理》,西南交通大学出版社 2012 年版。

[52] 刘见初:《毛泽东新闻思想研究》,新华出版社 2010 年版。

[53] 刘涛:《影像时代的审美》,中国社会科学出版社 2018 年版。

[54] 刘习良:《中国电视史》,中国广播电视出版社 2007 年版。

[55] 刘燕南、张雪静:《内容力、传播力、互动力:电视节目跨屏传播效果评估体系创新研究》,《现代传播》2019 年第 3 期。

[56] 刘长江:《资本、政党与代议制民主的困境》,《江苏行政学院学报》2012 年第 6 期。

[57] 楼泸光、来克让:《中国杂文鉴赏辞典》,山西人民出版社 1991 年版。

[58] 卢正言:《毛泽东读过的中国古代散文》,上海辞书出版社 2013 年版。

[59] 鲁敏主编:《当代中国政府概论》,天津人民出版社 2019 年版。

[60] 骆正林:《舆论传播与社会治理案例分析》,中国广播电视出版社 2016 年版。

[61] 中共中央马克思恩格斯列宁斯大林著作编译局编译:《马克思恩格斯文集 第 3 卷 普及本》,人民出版社 2009 年版。

[62] 马拥军:《超越"文明型国家":"中国崛起"的马克思主义视角》,《中国浦东干部学院学报》2014 年第 8 期。

[63] 毛泽东:《毛泽东早期文稿 1912.6—1920.11》,湖南人民出版社 1990 年版。

[64][德]马克斯·韦伯:《学术与政治》,钱永祥译,上海三联书店 2019 年版。

[65][加]马歇尔·麦克卢汉:《理解媒介:论人的延伸》,何道宽译,译林出版社 2019 年版。

[66][美]迈克尔·埃默里、埃德温·埃默里、南希·L.罗伯茨:《美国新闻史:大众传播媒介解释史(第九版)》,展江译,中国人民大学出版社 2009 年版。

[67] 倪祥保、邵雯艳:《纪录片:观念·手法与形态》,中国电影出版社 2014 年版。

[68] 聂友军:《东亚语言与文化》,浙江工商大学出版社 2018 年版。

[69][英]诺曼·费尔克拉夫:《话语与社会实践》,殷晓蓉译,华夏出版社 2003 年版。

[70] 彭华新:《全球转向还是本土坚守 区域文化语境中的电视传播研究》,上海三联书店 2015 年版。

[71] 邱沛篁:《新闻传播百科全书》,四川人民出版社 1998 年版。

[72] 饶立华:《电视新闻专题作品选评》,中国广播电视出版社 1995 年版。

[73] 任金州:《电视摄像造型(第二版)》,中国广播影视出版社 2016 年版。

[74] 中共中央文献研究室编:《三中全会以来重要文献选编》下,人民出版社 1982 年版。

[75] 邵奇:《视听语言》,上海交通大学出版社 2016 年版。

[76] 沈永宝:《评论文学一百年:试论评论文学为新文学之起源》,《复旦学报》2001 年第 6 期。

[77] 石长顺:《电视专题与专栏:当代电视实务教程(第三版)》,复旦大学出版社 2019 年版。

[78] 水均益:《前沿故事》，长江文艺出版社 2015 年版。

[79] 四川省大邑县志编纂委员会编纂:《大邑县志》，四川人民出版社 1992 年版。

[80] 孙玉胜:《十年：从改变语态开始》，生活、读书、新知三联书店 2004 年版。

[81] 孙哲:《左右未来：美国国会的制度创新和决策行为（修订版）》，上海人民出版社 2012 年版。

[82] 陶坚、倪稼:《美国电视记者克朗凯特》，《新闻大学》1981 年第 3 期。

[83] 孙中山:《孙中山选集》，人民出版社 1981 年版。

[84] 王鸿铭、杨光斌:《关于"中国模式"的争论与研究》，《教学与研究》2018 年第 5 期。

[85] 王美春:《古今名作品鉴》，九州出版社 2019 年版。

[86] 王浦劬:《政治学基础》，北京大学出版社 1995 年版。

[87] 王贤波:《当代电视艺术的视觉性思维》，中山大学出版社 2019 年版。

[88] 魏忠:《张维为现象研究：论中国话语的构建启示》，江南大学 2017 年硕士学位论文。

[89] 吴学琴:《媒介话语的意识形态性及其建设》，《马克思主义研究》2014 年第 1 期。

[90] 吴占勇:《跨屏困境与路径重组：移动互联时代电视媒体的融合发展与创新》，《中国电视》2019 年第 2 期。

[91][美] 威廉·F. 劳黑德:《哲学的历程 西方哲学历史导论（第四版）》，郭立东、丁三东译，中国轻工业出版社 2017 年版。

[92] 郗戈:《资本逻辑与"自由民主"的深层悖论》,《高校理论战线》2011 年第 3 期。

[93] 燕雄主编:《马克思主义新闻观经典论著解读及阐释》，湖南师范大学出版社 2018 年版。

[94] 谢国荣:《美国民权运动史新探》，商务印书馆 2016 年版。

[95] 谢庆奎:《当代中国政府与政治》，高等教育出版社 2003 年版。

[96] 胥亚:《新闻导论》，湖南人民出版社 2004 年版。

[97] 徐辰:《宪制道路与中国命运：中国近代宪法文献选编（1840—1949）》下，中央编译出版社 2017 年版。

[98] 郇雷:《资本如何影响民主:政治经济关系的文献考察》,《当代世界与社会主义》2017年第3期。

[99] 闫妮、夏晓虹:《阅读梁启超 政治与学术》,东方出版社2019年版。

[100] 燕北闲人:《梁启超妙语录》,新星出版社2011年版。

[101] 燕继荣:《现代政治分析原理》,高等教育出版社2004年版。

[102] 杨德爱:《语言与文化》,云南大学出版社2020年版。

[103] 杨光斌:《中国政治认识论》,中国社会科学出版社2018年版。

[104] 杨佳昕、谷悦:《社会化媒体对传统媒体信息传播的启示》,《编辑之友》2014年第10期。

[105] 杨文韬:《九万里风鹏正举:评张维为〈中国超越:一个"文明型"国家的崛起〉》,《中国出版》2015年第3期。

[106] 杨新敏:《当代广播电视新闻评论》,中国广播电视出版社2005年版。

[107] 陈宏天、赵福海、陈复兴主编:《昭明文选译注 第六册》,吉林文史出版社2020年版。

[108] 方勇、刘涛:《庄子译注》,上海古籍出版社2019年版。

[109] 于海:《西方社会思想史(第三版)》,复旦大学出版社2016年版。

[110] 于梦明、成琳:《脱口秀女王奥普拉(英汉对照)》,中国致公出版社2012年版。

[111] 喻国明、杜楠楠:《智能型算法分发的价值迭代:"边界调适"与合法性的提升:以"今日头条"的四次升级迭代为例》,《新闻记者》2019年第11期。

[112] 翟国强:《依宪治国:理念、制度与实践》,中国政法大学出版社2016年版。

[113] 张岱年:《中国哲学大辞典》,上海辞书出版社2010年版。

[114] 张凤阳:《政治哲学关键词》,江苏人民出版社2006年版。

[115] 张红云:《中外名记者研究》,山西人民出版社2007年版。

[116] 张井梅:《亚里士多德》,陕西师范大学出版总社2017年版。

[117] 张千帆:《民主是绕不过的坎:评〈中国震撼:一个"文明型国家"的崛起〉》,《炎黄春秋》2014年第12期。

[118] 张胜友:《父亲张胜友语文教材作品集》,上海文汇出版社2014年版。

[119] 张维为:《文明型国家》,上海人民出版社2017年版。

[120] 张维为:《这就是中国:走向世界的中国力量》,上海人民出版社 2019 年版。

[121] 张维为:《中国超越:一个"文明型国家"的光荣与梦想》,上海人民出版社 2016 年版。

[122] 张维为:《中国人 你要自信》,中信出版社 2017 年版。

[123] 张维为:《中国特色社会主义》,上海人民出版社 2020 年版。

[124] 张维为:《中国震撼:一个"文明型"国家的崛起》,上海人民出版社 2016 年版。

[125] 张晓梅:《电视音乐音响》,北京理工大学出版社 2019 年版。

[126] 张雪静、刘燕南:《媒介使用:跨屏、移动和参与:互联网受众行为扫描和特点简析》,《新闻与写作》2018 年第 7 期。

[127] 张一鸣:《机器替代编辑?》,《传媒评论》2014 年第 3 期。

[128] 张志安、潘曼琪:《抖音"出海"与中国互联网平台的逆向扩散》,《现代出版》2020 年第 3 期。

[129] 张志安、徐桂权:《中国新闻业年度观察报告》,人民日报出版社 2019 年版。

[130] 章玲:《多层次引导,全面推进网络视听行业发展:访国家广播电视总局广播电视科学研究院互联网视听技术研究所所长施玉海先生》,《广播电视信息》2022 年第 1 期。

[131] 赵树清、尹逊钰、曾昕旻:《电视跨屏互动场景化营销研究》,《现代传播》2017 年第 5 期。

[132] 赵玉亮:《纪录片创作实训》,中山大学出版社 2014 年版。

[133] 赵则诚:《中国古代文学理论词典》,吉林文史出版社 1985 年版。

[134] 郑永年:《西方为何惧怕"中国模式"》,《领导文萃》2009 年第 9 期。

[135] 中国广播电影电视社会组织联合会编:《广播电视改革与创新(2017)》,中国广播影视出版社 2017 年版。

[136] 周文:《电视艺术概论》,中国传媒大学出版社 2017 年版。

[137] 周勇、赵璇:《跨屏时代的视听传播》,中国人民大学出版社 2021 年版。

[138] 周煜媛:《总台春晚首度采用竖屏直播,1.2 亿人在微信视频号观赏》,《中国广播影视》2022 年第 5 期。

[139] 朱立元:《艺术美学辞典》,上海辞书出版社2012年版。

[140] 熊茵、季莹莹:《从内容平台到关系平台抖音短视频的属性变迁探析》,《编辑学刊》2019年第4期。

[141]《中国电影年鉴》编辑委员会编纂:《中国电影年鉴(1993)》,中国电影出版社1994年版。